François Bourguignon

Die Globalisierung der Ungleichheit

Aus dem Französischen von Michael Halfbrodt

Hamburger Edition

Hamburger Edition HIS Verlagsges. mbH
Mittelweg 36
20148 Hamburg
www.hamburger-edition.de

© der deutschen Ausgabe 2013 by Hamburger Edition
Verlag des Hamburger Instituts für Sozialforschung
© der Originalausgabe 2012 by Éditions du Seuil et La République
des Idées
Titel der Originalausgabe: »La mondalisation de l'inégalité«

Umschlaggestaltung: Wilfried Gandras
Typografie und Herstellung: Jan und Elke Enns
Satz aus der Garamond von Dörlemann Satz, Lemförde
Druck und Bindung: CPI – Clausen & Bosse, Leck
Printed in Germany
ISBN 978-3-86854-263-9
1. Auflage September 2013

Inhalt

Einleitung

Das Ausmaß der Ungleichheiten erkennen

Die Globalisierung ist Gegenstand hitziger Debatten. Mal wird sie als Wunderwerk, als Modernisierungsinstrument gepriesen, mal als tödliche Gefahr verteufelt. Für die einen leistet sie einen Beitrag zum »Wohlstand der Nationen«, für die anderen führt sie zur Verarmung der großen Mehrheit zugunsten einer Elite von Privilegierten. Man beschuldigt sie also, wahlweise für die Deregulierung der Finanzmärkte, die explosionsartige Zunahme der Ungleichheiten, die Verlagerung von Produktionsstätten, das Verschwinden der Grenzen oder die Verödung des kulturellen Lebens verantwortlich zu sein.

Wir möchten zur Klärung dieser Debatte beitragen, indem wir uns einer der brisantesten Fragen zuwenden: der Frage nach den Ungleichheiten. Die Globalisierung ist ein komplexes historisches Phänomen, das sich über Jahrhunderte zurückverfolgen lässt[1] – niemand bestreitet, dass es sie gibt. Ziel dieses Buches ist, herauszufinden, ob sie wirklich, wie häufig behauptet wird, schuld ist am beispiellosen Anstieg der weltweiten Ungleichheiten innerhalb der letzten drei Jahrzehnte. Trägt die aktuelle Globalisierung die Gleichheit zu Grabe, ist sie das Gift, das jede Hoffnung auf soziale Gerechtigkeit zunichtemacht?

---

[1] Vgl. zum Beispiel Boucheron (Hg.), Le Monde au XVe siècle, und Berger, Notre première mondialisation.

Zur Beantwortung dieser Frage ist es unerlässlich, *zwischenstaatlichen* und *binnenstaatlichen* Lebensstandard zu unterscheiden. Denn in dieser Hinsicht vollzieht sich gerade ein doppelter Umschwung. Einerseits hat nach zwei Jahrhunderten kontinuierlichen Anstiegs die Ungleichheit des *zwischenstaatlichen* Lebensstandards sich zu verringern begonnen: Während man vor zwanzig Jahren in Frankreich und Deutschland noch 20-mal besser lebte als in China und Indien, so hat sich der Abstand bis heute mehr als halbiert. Andererseits hat die Ungleichheit *innerhalb* vieler Länder zugenommen, häufig nach jahrzehntelanger Stabilität. So hat zum Beispiel in den Vereinigten Staaten die Ungleichheit heute wieder einen Stand erreicht wie zuletzt vor hundert Jahren. Unter dem Gesichtspunkt sozialer Gerechtigkeit wäre erstere Entwicklung als höchst erfreulich zu bewerten, würde sie nicht durch letztere konterkariert.

Es ist also unumgänglich, das Verhältnis von Globalisierung und Ungleichheit zu überdenken. Weil man tendenziell eher die eigene Umgebung als das Geschehen jenseits der Grenzen im Blick hat, neigt man dazu, über den – allerdings unbestreitbaren – Anstieg *nationaler Ungleichheiten* die Abnahme *globaler Ungleichheit* zu übersehen. Nach allgemeiner Überzeugung leben wir in einer immer ungleicheren Welt, in der »die Reichen immer reicher und die Armen immer ärmer werden«. Und da der Anstieg nationaler Ungleichheiten, dort, wo er stattfindet, mit einer in letzter Zeit beschleunigten Globalisierung zusammenfällt, tendiert man dazu, Letztere dafür verantwortlich zu machen, obwohl sie paradoxerweise *auch* zu einer Reduktion der Ungleichheiten auf internationaler Ebene beiträgt. Betrachtet man also das Verhältnis von Globalisierung und Ungleichheiten unter dieser doppelten, nationalen wie internationalen, Perspektive, erweist es sich als komplexer als zunächst gedacht.

Der Ausdruck »Globalisierung der Ungleichheit« verweist also auf zwei Bedeutungsebenen. Einerseits bezieht er sich auf Fragen globaler Ungleichheit. Die Bedeutung, die in der ökonomischen Debatte, national wie international, der effektiven Angleichung des zwischenstaatlichen Lebensstandards beigemessen wird, ist dafür der deutlichste Beleg. Andererseits artikuliert sich in dem Ausdruck das Gefühl, dass die Zunahme der Ungleichheiten alle Länder des Planeten betrifft und dass es dringend geboten sei, sie zu bekämpfen.

Natürlich hängen diese beiden Perspektiven zusammen. Die Ausdehnung des internationalen Handels, die Mobilität von Kapital und Arbeitskräften sowie die Verbreitung technologischer Innovationen schließen nach und nach den Graben zwischen reichen Nationen und Entwicklungsländern. Doch gleichzeitig tragen sie zur Verschiebung der binnenwirtschaftlichen Einkommensverteilung bei. Die Zunahme des Welthandels erklärt, warum manche Produktionszweige aus den Industriestaaten in Schwellenländer verlegt werden, warum die Nachfrage nach nicht qualifizierter Arbeitskraft in den führenden Industrienationen abnimmt – was zu deren vergleichsweise schlechterer Entlohnung führt –, warum sich weltweit das oberste Lohnsegment nach den Ländern mit der bestbezahlten Wirtschaftselite richtet und warum, ebenfalls weltweit, die Kapitaleinkünfte schneller steigen als die Arbeitseinkommen. Natürlich kommen hier weitere Ungleichheitsfaktoren ins Spiel, auf nationaler wie auf internationaler Ebene: der technische Fortschritt, die endogene Wachstumskraft der jeweiligen Volkswirtschaften, ihre Entwicklungsstrategien oder auch ihre Steuerpolitik. Doch welche Rolle muss in diesem Gesamtkontext der Globalisierung zugeschrieben werden?

Die Absicht dieses Buches ist es, das Verhältnis zwischen Globalisierung und Ungleichheiten zu klären, wobei sorgfältig zwischen globaler Ungleichheit und nationalen Ungleichheiten zu unterscheiden sein wird. Ferner sollen die Gründe für diese Diskrepanz berücksichtigt sowie politische Strategien beschrieben werden, die sich eignen, Globalisierung und Gerechtigkeit systematischer in Einklang zu bringen.

Die Analyse wird sich in drei Schritten vollziehen. Die aktuelle Entwicklung globaler Ungleichheit, das heißt derjenigen zwischen allen Bürgern der Welt, ist insofern ein guter Ausgangspunkt, als sie die Ungleichheit nationaler Lebensstandards mit der Ungleichheit innerhalb der Nationen verbindet. Die Trendumkehr, die sie zum Ausdruck bringt, bezeichnet einen historischen Wendepunkt. Das wird Thema des ersten Kapitels sein.

Anschließend werden wir uns der Entwicklung nationaler Ungleichheiten zuwenden und insbesondere der Rückkehr zu einem Stand der Ungleichheit, in einer Reihe von Ländern (darunter vielen Industrienationen), wie wir ihn seit Jahrzehnten nicht erlebt haben. Was sind die Gründe für diesen Rückfall in vergangene Zeiten? Sind sie auf Seiten der Globalisierung zu suchen oder im Gegenteil in nationalen Besonderheiten? Diesen Fragen wird im zweiten Kapitel nachgegangen.

Das letzte Kapitel wird prognostisch und präskriptiv zugleich sein. Es geht darum, Kernelemente einer zukünftigen Weltwirtschaft herauszuarbeiten und ihre Auswirkungen auf die Ungleichheitsproblematik abzuschätzen. Ziel ist, herauszufinden, welche Formen von Wirtschafts- und Sozialpolitik sich am besten eignen, um sowohl die Angleichung zwischenstaatlicher Lebensstandards auf Dauer sicherzustellen als auch eine weiter zunehmende Ungleichverteilung der Nationaleinkommen aufzuhalten. Auf dem Papier ist es immer möglich, das Wirtschaftsprodukt umzuverteilen und die Zunahme von Ungleichheiten zu verhindern, doch muss man sich der Tatsache bewusst sein, dass diese Umverteilung einen ökonomischen Preis hat und politischen Zwängen unterliegt, die einzukalkulieren sind.

Am Ende dieser Analyse sollen Vorschläge formuliert werden, die den herrschenden Eliten, den politischen Parteien, der Zivilgesellschaft und allen Bürgern unterbreitet werden können, um eine gerechte Weltwirtschaft auf beiden Ebenen, der nationalen wie der internationalen, zu begründen.

I Die globale Ungleichheit

Globale Ungleichheit ist definiert als Ungleichheit zwischen allen Bürgern der Welt. Als solche wenig umstritten, verbindet sie auf ziemlich komplexe Weise *zwischen-* und *binnen-*staatliche Ungleichheit.

Wenn von Ungleichheit die Rede ist, gilt es drei Fragen zu stellen: Ungleichheit »wovon«, Ungleichheit »bei wem« und »wie viel« Ungleichheit? In Bezug auf die erste Frage kann man von Ungleichheit des Einkommens, des Vermögens, der Konsumausgaben oder allgemeiner des wirtschaftlichen Wohlstands sprechen. Im Hinblick auf die globale Ebene interessiert uns hier die Ungleichheit des »Lebensstandards«, dessen Durchschnitt durch das Pro-Kopf-Einkommen eines Landes definiert wird. Es unterscheidet sich meist nicht sehr vom Bruttoinlandsprodukt (BIP) pro Einwohner, und seine Verteilung innerhalb der Bevölkerung lässt sich aus Haushaltserhebungen entnehmen.[2] In Bezug auf die zweite Frage interessiert uns die Un-

---

[2] Diese Entscheidung mag auf Kritik stoßen. Das BIP pro Einwohner ist ein recht unzuverlässiger Indikator für den wirtschaftlichen Wohlstand der Bürger eines Landes (vgl. das Werk von Sen/Stiglitz/Fitoussi, Richesse des nations). Dennoch ist es praktisch und aussagekräftig bei internationalen Vergleichen, sofern man die zwischenstaatlichen Preisunterschiede einbezieht (Kaufkraftparitätsindex). Innerhalb eines Landes ist der Lebensstandard einer Person definiert durch das verfügbare Einkommen des Haushalts, dem sie angehört, korrigiert um einen Faktor, der die Größe und Zusammensetzung des Haushalts berücksichtigt. Hinsichtlich genauerer Details zur Berech-

gleichheit zwischen den Bürgern dieses Planeten, wobei wir unterscheiden zwischen »zwischenstaatlicher« (oder »internationaler«) Ungleichheit, also Ungleichheit, die in der Welt bei gleichem binnenstaatlichem Lebensstandard zu verzeichnen wäre, und »globaler« Ungleichheit, die auch die nationalen Unterschiede im Lebensstandard einbezieht. Um schließlich die Ungleichheit zu messen, verwenden wir drei Indikatoren: den Anteil der Reichsten (die reichsten 1, 5 und 10 Prozent), den relativen Abstand des durchschnittlichen Lebensstandards zwischen dem obersten und dem untersten Dezil (den reichsten und den ärmsten 10 Prozent) und den Gini-Koeffizienten.[3]

Eine letzte Definitionsfrage ist noch zu klären: der Unterschied zwischen Ungleichheit und Armut. Man kann gegen die obigen Messgrößen einwenden, dass sie im Wesentlichen relativer Natur sind. Doch dass die ärmsten 10 Prozent nur ein Zehntel des Lebensstandards der reichsten 10 Prozent erreichen, hat in Indien nicht die gleiche Bedeutung wie in Luxemburg. In Indien bedeutet es, dass die Ärmsten nur mit Mühe überleben können und beim geringsten ökonomischen Zwischenfall von Hunger bedroht

---

nung globaler Ungleichheit vgl. Anand/Segal, »What do we Know about Global Income Inequality?«, und Bourguignon, »A Turning Point in Global Inequality«.

[3] Der Gini-Koeffizient kann definiert werden als absolute durchschnittliche Differenz im Lebensstandard zweier zufällig aus der Bevölkerung ausgewählter Personen, in Relation zum Mittelwert der Gesamtbevölkerung. In einer Gesellschaft, in der der durchschnittliche Lebensstandard bei 40 000 Euro liegt, bedeutet ein Gini-Koeffizient von 0,4, dass der Abstand im Lebensstandard zweier zufällig aus der Bevölkerung ausgewählter Personen durchschnittlich 16 000 Euro beträgt.

sind, was in Luxemburg nicht der Fall ist. Es ist also wichtig, eine absolute Norm zur Bewertung globaler Ungleichheit einzuführen. Ein praktisches Verfahren ist, eine absolute Armutsschwelle zu bestimmen und die Zahl derer zu zählen, die sich unterhalb dieser Schwelle befinden. Die heutzutage meistverwendete Schwelle ist die von »1,25 Dollar pro Kopf und Tag«, also etwa ein Euro, nach konstanter internationaler Kaufkraft (zu Preisen von 2005). Die Zahl entspricht faktisch dem Mittelwert der in den ärmsten Ländern verwendeten offiziellen Armutsschwelle.

Globale Ungleichheit von Frankreich bis Äthiopien

Egal, welche Messmethode man anwendet, die globale Ungleichheit ist beträchtlich, wahrscheinlich sehr viel gravierender als das, was ein einzelner Staat aushalten würde, ohne in eine ernste Krise zu geraten. Um sie ins richtige Verhältnis zu setzen, nehmen wir einige Länder als Beispiel.

Im Jahr 2006, das wir als Bezugsjahr nehmen wollen, lag das jährliche Pro-Kopf-Einkommen in Frankreich bei ungefähr 26 000 Euro (zu internationaler Kaufkraft von 2005), doch der durchschnittliche individuelle Lebensstandard betrug 18 000 Euro pro Jahr.[4] Die reichsten 10 Prozent kamen

---

[4] Die Differenz ergibt sich aus nicht verteilten Unternehmens- und Staatseinkommen sowie aus Unterschieden der Einkommensdefinition zwischen Haushaltserhebungen und den Kalkülen der volkswirtschaftlichen Gesamtrechnung. Die hier getroffene Unterscheidung soll dem Leser ermöglichen, sich an ihm vertrauten Größen zu orientieren. Im Folgenden wird der durchschnittliche Lebensstandard einfach mit dem nationalen Pro-Kopf-Einkommen gleichgesetzt, um schwierige internatio-

auf 23 Prozent des Gesamteinkommens und auf etwas mehr als das Sechsfache des Einkommens der ärmsten 10 Prozent. Ihr Lebensstandard lag bei 40 000 Euro pro Kopf und Jahr, der der ärmsten 10 Prozent hingegen nur bei 6000 Euro. Der Gini-Koeffizient, wie oben definiert, betrug 0,28. Das Lebensstandardgefälle zweier zufällig ausgewählter Personen belief sich durchschnittlich auf 28 Prozent des Durchschnittseinkommens, also 5000 Euro.

Unter den reichen Ländern kann Frankreich als ein Land mit moderater Ungleichheit gelten. Das Lebensstandardgefälle zwischen den reichsten und den ärmsten 10 Prozent ist geringer (etwas weniger als das 5-Fache) in skandinavischen Ländern, den sozial ausgeglichensten unter den reichen Ländern; es beträgt etwas mehr als das 7-Fache in Deutschland und Großbritannien und nahezu das 10-Fache in Südeuropa sowie das 15-Fache in den Vereinigten Staaten, dem Industrieland mit den größten sozialen Unterschieden (wo der Gini-Koeffizient im Übrigen 0,39 erreicht).

Brasilien ist ein Schwellenland und auch eines der Länder mit der weltweit größten sozialen Ungleichheit. Mit 7200 Euro pro Jahr und Person ist das nationale Pro-Kopf-Einkommen höher als in den meisten Entwicklungsländern, was aber 2006 weniger als ein Drittel des europäischen Lebensstandards ausmachte. Hingegen kamen die reichsten 10 Prozent auf einen Lebensstandard von 22 000 Euro pro Jahr und Person, mehr als der französische Durchschnitt und etwa die Hälfte ihrer französischen Vergleichsgruppe. Umgekehrt lag der Lebensstandard der ärmsten 10 Prozent

---

nale Vergleiche zwischen den Schätzwerten methodisch variierender Untersuchungen zu vermeiden.

bei kaum mehr als 500 Euro, weniger als ein Zehntel der ärmsten Franzosen. Folglich betrug der Abstand zwischen den reichsten und den ärmsten 10 Prozent mehr als das Vierzigfache, während der Gini-Koeffizient 0,58 erreichte (verglichen mit 0,28 in Frankreich).

Äthiopien ist ein armes afrikanisches Land. Das jährliche Pro-Kopf-Einkommen lag dort 2006 lediglich bei 510 Euro, was etwa dem Lebensstandard der 10 Prozent der ärmsten Brasilianer entspricht. Die Ungleichheit ist weniger ausgeprägt als in Brasilien, aber das verfügbare Einkommen der ärmsten 10 Prozent liegt weit unterhalb der Armutsschwelle von einem Euro pro Tag und Person. Tatsächlich beläuft es sich auf etwa die Hälfte dieser Summe, nämlich 160 Euro pro Person und Jahr (zu internationaler Kaufkraft). Wie hat man sich das Überleben mit einer solchen Summe vorzustellen? Die wohlhabendsten Äthiopier kommen damit natürlich besser zurecht, aber im Durchschnitt sind auch sie nach europäischen Maßstäben noch sehr arm. Die 10 reichsten Prozent der Äthiopier leben im Durchschnitt von 1000 Euro pro Person und Jahr, was nur einem Sechstel des Lebensstandards der 10 ärmsten Prozent der Franzosen entspricht. Natürlich leben manche Äthiopier wesentlich besser als die ärmsten Franzosen (und vielleicht sogar als der Durchschnittsfranzose), aber von ihnen gibt es nur eine Handvoll!

Die globale Ungleichheit der Lebensstandards

Man kann bereits aufgrund der eben genannten Angaben erahnen, dass die globale Ungleichheit der Lebensstandards nur gewaltig sein kann: Die Ärmsten der Welt sind mit den armen Äthiopiern vergleichbar, die Reichsten hingegen mit reichen Amerikanern. Tatsächlich lag das Verhältnis zwischen den reichsten und ärmsten 10 Prozent der Weltbevölkerung vor 20 Jahren noch bei 1:100! Inzwischen hat der Abstand sich leicht verringert, beläuft sich aber heute immer noch auf das 90-Fache. In absoluten Zahlen ausgedrückt, verfügen die 600 ärmsten Millionen der Weltbevölkerung im Durchschnitt nur über 300 Euro pro Jahr und Person, während die 600 reichsten Millionen sich eines Lebensstandards von 27 000 Euro erfreuen. Erinnern wir uns daran, dass in Brasilien, einem der Länder mit der größten Ungleichheit, das Verhältnis vom untersten zum obersten Dezil lediglich 1:40 betrug! Selbst wenn wir die Extrempositionen der Lebensstandardverteilung weiter fassen, bleibt die globale Ungleichheit beträchtlich: Die 20 reichsten Prozent kommen in den Genuss eines 40-mal höheren Lebensstandards als die 20 ärmsten Prozent. Und der Welt-Gini-Koeffizient liegt mit 0,66 weit über dem Stand, den Brasilien oder Südafrika während der Apartheid jemals erreicht haben.

Diese Zahlen belegen eine, verglichen mit jeder nationalen Norm, außergewöhnlich hohe Ungleichheit auf der Welt. Das lässt sich leicht erklären. Zur binnenstaatlich zu beobachtenden Ungleichheit, ob stark oder schwach ausgeprägt, kommt auf globaler Ebene die zwischenstaatliche Ungleichheit hinzu, die ihrerseits beträchtlich ist. Davon zeugt die Verteilung des nationalen Pro-Kopf-Einkommens zu konstanter internationaler Kaufkraft. Der durchschnittliche Lebensstandard der 20 reichsten Länder beträgt 33 000 Euro, derjenige der 20 ärmsten Länder weniger als 600 Euro. Ein Verhältnis von annähernd 60:1.

Die obigen Zahlen beschreiben die Ungleichheit in relativen Begriffen, auch wenn wir uns darum bemüht haben, die ihr zugrunde liegende absolute Höhe des Lebensstandards anzugeben. Man kann auch in absoluten Begriffen argumentieren und sich auf den Standpunkt stellen, dass es weniger auf das Verhältnis zwischen den Ärmsten und den Reichsten ankommt, als vielmehr auf das Ausmaß der Armut, das heißt die Gesamtzahl derjenigen, deren Lebensstandard unterhalb der Schwelle von einem Euro pro Tag und Person liegt.

Nach Auskunft der Weltbank lag die Zahl derer, die mit weniger als einem Euro pro Tag auskommen müssen, bisweilen als »Schwelle extremer Armut« bezeichnet, im Jahr 2005 bei 1,4 Milliarden Menschen, etwa 20 Prozent der Weltbevölkerung. Diese Zahl hat den britischen Ökonomen Paul Collier veranlasst, im Titel eines aktuellen Buches von der *untersten Milliarde* [*bottom billion*] zu sprechen.[5] Bei einer weniger extremen Armutsdefinition, etwa einer Schwelle von zwei Euro pro Tag (wie sie bisweilen auch von internationalen Institutionen verwendet wird), fällt die Zahl noch deprimierender aus. Danach zählt der Planet drei Milliarden Arme, also die Hälfte der Menschheit!

Man kann gegen solche Angaben einwenden, dass sie auf einer absoluten Definition von Armut beruhen, während diese auch eine relative Dimension hat (zum Beispiel die Vergleiche, die die Einzelnen untereinander anstellen). Das hat die Europäische Union dazu veranlasst, die Armutsschwelle in ihren Mitgliedsstaaten nicht auf absolute Weise zu definieren, sondern in Relation zum mittleren Lebensstandard des jeweiligen Landes (der Lebensstandard, der die Bevölkerung in zwei gleiche Hälften teilt). Bei einer solchen

---

[5] Collier, Die unterste Milliarde.

Definition ist Armut nicht mehr ausschließlich auf arme Länder beschränkt und bringt vor allem die Ungleichheit der Lebensstandardverteilung zum Ausdruck. Doch dieses Konzept auf die Weltbevölkerung zu übertragen, sodass bolivianische Haushalte, deren Kaufkraft bei 100 Euro pro Jahr und Person liegt, und amerikanische Haushalte, die über mehr als 4000 Euro verfügen, gleichermaßen zu den Armen der Welt zählen, würde wenig Sinn ergeben. Im einen Fall geht es ums Überleben, im anderen um sozialen Vergleich.

Untersucht man die Ungleichheit auf globaler Ebene, stößt man auf eine Welt, die nur als zutiefst ungerecht zu bezeichnen ist, gemessen an den gängigsten Kriterien sozialer Gerechtigkeit, die innerhalb der Einzelstaaten angelegt werden. Die ökonomische Ungleichheit erreicht hier ein weit höheres Niveau als jenes, das heutzutage innerhalb nationaler Gemeinschaften zu beobachten ist (und wahrscheinlich jemals zu beobachten war). Ist es überhaupt denkbar, dass ein Zehntel einer einzelstaatlichen Bevölkerung einen 100-mal höheren Lebensstandard als ein anderes Zehntel genießt? Und was noch hinzukommt: Diese Ungleichheit verurteilt fast die Hälfte der Menschheit zur Armut und gefährdet das nackte Überleben von mehr als einem Fünftel der Menschheit.[6]

---

[6] Alle vorangegangenen Aussagen beziehen sich auf Ungleichheit und Armut, die sich im Lebensstandard oder dem Konsumpotenzial zu konstanter Kaufkraft äußern. Allerdings gibt es auch andere Dimensionen von Ungleichheit und Armut: der Zugang zu grundlegenden Einrichtungen, zu medizinischer Versorgung, Bildung, Justiz oder die Beteiligung an öffentlichen Entscheidungen. Solche nicht ökonomischen Dimensionen sind schwerer zu erfassen. Vgl. zum Beispiel Duflo, Le développement humain.

Soweit zur Bestandsaufnahme der globalen Ungleichheit von heute. Wie jede derartige Bilanz ist sie allerdings nur eine Momentaufnahme. Zugegeben, die globale Verteilung der Lebensstandards zeugt von alarmierender Ungleichheit, doch ist das schon immer so gewesen? Und ist eine Besserung der Lage in Sicht oder gibt es nicht vielmehr Anzeichen für eine weitere Zuspitzung?

Eine historische Trendwende

Die Meinungen über die weitere Entwicklung der Ungleichheit globaler Lebensstandards gehen auseinander. Häufig ist zu hören, dass »die Ungleichheiten kontinuierlich zunehmen«. Ein aktueller Bericht der Vereinten Nationen vertritt diese These. Doch ist auch zu hören, dass der gewaltige Aufschwung Chinas und der Schwellenländer im Allgemeinen zu einer drastischen Reduktion der globalen Ungleichheit und Armut beiträgt. Wie verhält es sich wirklich?

Wenn man sich an die übliche Definition von Ungleichheit hält (zwischen den individuellen Lebensstandards derer, die die Weltbevölkerung bilden), dann besteht an dieser Entwicklung keinerlei Zweifel. Nach einem stetigen Anstieg seit Beginn des 19. Jahrhunderts ist die Ungleichheit mittlerweile in rascher Abnahme begriffen, und zwar vorrangig aufgrund der wirtschaftlichen Leistungen der Schwellenländer. Diese Trendumkehr hat vor mehr als 20 Jahren stattgefunden.

In Abbildung 1 (S. 22) ist die Entwicklung der diversen Messungen globaler Ungleichheit seit Beginn des 19. Jahrhunderts bis in die Gegenwart dargestellt. Wie oben angegeben, sind die Basisdaten eine Kombination des nationalen

Pro-Kopf-Einkommens, korrigiert um einen Faktor, der internationalen Preisunterschieden Rechnung trägt – als Näherungswert des durchschnittlichen binnenstaatlichen Lebensstandards –, mit einer Schätzung der relativen Lebensstandardverteilung innerhalb verschiedener Länder zu verschiedenen Zeiten.

Dieser Abbildung sind zwei grundlegende Fakten zu entnehmen. Zum einen die rasante Zunahme globaler Ungleichheit über das ganze 19. und weite Teile des 20. Jahrhunderts hinweg. Die industrielle Revolution zu Beginn des 19. Jahrhunderts markierte den »Take-off« der großen westeuropäischen Volkswirtschaften und das Auftreten massiver Unterschiede in einer Welt, in der Ungleichheit bis dahin vornehmlich innerhalb nationaler Räume existiert hatte. Dieser Anstieg setzte sich bis ins letzte Viertel des 20. Jahrhunderts fort, mit Ausnahme einer leichten Angleichung nach dem Ende des Zweiten Weltkriegs, bedingt durch die Einführung einer Politik sozialer Umverteilung in mehreren Ländern (der die Auswirkungen der Chinesischen Revolution und der Eingliederung Ost- und Mitteleuropas in den Sowjetblock hinzuzufügen wäre). Der Anstieg ist beeindruckend. Von 1820 bis 1980 verdreifachte sich der Abstand zwischen den reichsten und den ärmsten 10 Prozent der Weltbevölkerung (*Historische Reihe*). Der Gini-Koeffizient lag 1820 in der Größenordnung von 0,5 – was dem Ungleichheitsniveau eines heutigen Landes mit relativ großen sozialen Unterschieden entspricht. Er stieg bis 1980 auf 0,66 an und übertraf damit praktisch jedes nationalstaatliche Ungleichheitsniveau.

Das zweite markante Faktum ist der seit 1989 (*Jüngste Zeit*, siehe Abbildung 1) zu verzeichnende Rückgang. Die Veränderung der Datengrundlagen und der Kaufkraftpari-

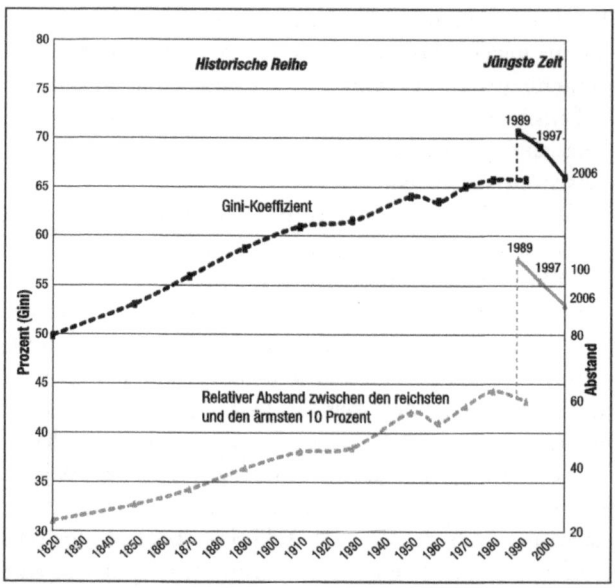

Abbildung 1
Entwicklung globaler Ungleichheit: 1820–2006
(verschiedene Messungen)

Quelle: Die *Historische Reihe* nach François Bourguignon und Christian Morrisson, »Inequality Among World Citizens: 1820–1992«. Sie beruht auf den Angaben zum Pro-Kopf-BIP von Angus Maddison (in Monitoring the World Economy). Aktuelle Daten stammen aus dem Artikel von François Bourguignon, »A Turning Point in Global Inequality … and Beyond«.

täten führt zu einer beträchtlichen Korrektur in der Einschätzung der globalen Ungleichheit. Doch im Vergleich zur *Historischen Reihe* ist der Rückgang der Ungleichheit unbestreitbar und äußerst verblüffend. Innerhalb von 20 Jahren ist der Gini-Koeffizient bzw. der relative Abstand zwischen den obersten und den untersten 10 Prozent fast ebenso stark gesunken, wie er seit 1900 gestiegen war. Die Jahrtausendwende markiert eine historische Trendumkehr der weltweiten Ungleichheit.[7]

Ein vergleichbarer Wandel ist in Sachen absoluter Armut zu konstatieren. Das Wirtschaftswachstum hat für eine kontinuierliche Abnahme des Anteils der Armen an der Weltbevölkerung gesorgt. Angenommen, die heute üblichen Armutsschwellen hätten vor 100 Jahren einen Sinn gehabt (selbst bei konstanter Kaufkraft), so wären zu Beginn des 20. Jahrhunderts schätzungsweise um die 70 Prozent der Weltbevölkerung von extremer Armut betroffen gewesen (weniger als 1 Euro pro Person und Tag). Wie gesehen, liegt der Anteil heute bei unter 20 Prozent. In Anbetracht des Bevölkerungswachstums ist allerdings nicht sicher, ob dieser proportionale Rückgang der Armen ausreichend war, um ihren numerischen Anstieg zu verhindern. Die in extremer Armut lebende Bevölkerung zählte 1929, zu Beginn der Weltwirtschaftskrise, ungefähr 1,4 Milliarden Menschen. Sie betrug 2 Milliarden um 1980, trotz des proportionalen Rückgangs der Armen auf der Welt. Sie liegt heute wieder bei annähernd 1,4 Milliarden.

Man könnte daraus schließen, dass sich die Zahl der Armen auf der Welt seit einem Jahrhundert praktisch nicht verändert hat und an den Segnungen der wirtschaftlichen

---

[7] Morrisson und Martin (zum Beispiel in »Inégalité interne des revenus et inégalité mondiale«) haben die historische Reihe mit unveränderter Methodik bis in die Gegenwart verlängert und stießen dabei in etwa auf die gleiche Entwicklung innerhalb der letzten 25 Jahre.

Entwicklung zweifeln. Der große Unterschied ist jedoch, dass wir uns seit zwei Jahrzehnten in einer Phase rapiden Rückgangs befinden, nach einem 100 Jahre dauernden Anstieg, der scheinbar unvermeidlich war. Seit den 1990er Jahren ist die Zahl der Armen um 500 Millionen Personen gesunken. Zum ersten Mal seit Beginn der industriellen Revolution vor 200 Jahren übertrifft der wirtschaftliche Fortschritt das Bevölkerungswachstum. Auch in dieser Hinsicht ist die Trendwende spektakulär.

Wie erklärt sich angesichts solch eindeutiger Statistiken, dass bisweilen zu hören und zu lesen ist, die globale Ungleichheit würde kontinuierlich zunehmen? Man muss sich in der Tat darauf verständigen, wie man globale Ungleichheit definiert. Während die globale Ungleichheit sinkt, nehmen paradoxerweise die Unterschiede zwischen den Extremen der nationalen Einkommensskala weiter zu. Ohne Gewichtung nach Bevölkerungszahl hatten 1989 die 15 reichsten Länder, das heißt 10 Prozent der Länder in der verwendeten Datenbank, einen 40-mal höheren durchschnittlichen Lebensstandard als die 15 ärmsten Länder. Dieses Verhältnis war 2006 auf mehr als 1:60 gestiegen.

Das außerordentliche Wachstum der asiatischen Länder und die eher bescheidenen Wirtschaftsleistungen mancher afrikanischer Staaten im Verlauf der letzten 20 bis 30 Jahre liefern die Erklärung für diesen scheinbaren Widerspruch. Wenn die Länder nach Bevölkerungszahl gewichtet werden, erklärt sich aus dem sehr schnellen Wachstum des durchschnittlichen individuellen Lebensstandards in China (8 Prozent pro Jahr), in Indien (4 Prozent pro Jahr) sowie in mehreren weiteren asiatischen Staaten (Indonesien, Bangladesh, Vietnam usw.), verglichen mit dem Wachstum der reichen Länder (2 Prozent pro Jahr), ein relativ sinkender Abstand und eine abnehmende Ungleichheit zwischen den Bevölkerungen der reichen und der armen Länder insgesamt. Andererseits erklärt die geringe Zunahme des Pro-Kopf-Einkommens in manchen afrikanischen Staaten, ja sogar das negative Wachstum in einigen Ländern innerhalb der letzten 25 Jahre, die wachsende Kluft zwischen den reichsten und den ärmsten Ländern, wenn man von ihrer Größe absieht. Es ist in der Tat bemerkenswert, dass sich die Zusammensetzung der letzteren Gruppe im Laufe der Zeit radikal verändert hat. Von den 15 ärmsten Ländern hat etwa die Hälfte (darunter mehrere asiatische Staaten) diese Gruppe innerhalb der letzten Jahrzehnte verlassen. Heute gehören ihr hauptsächlich afrikanische Staaten an, darunter einige (Ruanda, Sierra Leone, Liberia, Madagaskar), für deren Niedergang interne Konflikte verantwortlich sind.

Was heißt das nun? Für welche Definition soll man sich entscheiden? Im Grunde sind beide wichtig. Wenn man eine globale Perspektive einnehmen und die gesamte Weltbevölkerung berücksichtigen möchte, kann man die Bevölkerungszahl der verschiedenen Länder nicht außer Acht lassen und muss der in Abbildung 1 grafisch dokumentierten Entwicklung globaler Ungleichheit den Vorzug geben. Man kann also sagen, dass die globale Ungleichheit nach zwei Jahrhunderten kontinuierlicher Zunahme seit 20 Jahren in erheblichem Maße rückläufig ist. Doch darf dies nicht den Blick auf die Tatsache verstellen, dass eine kleine Zahl bevölkerungsärmerer Länder weit hinter den Stand der restlichen Welt zurückgefallen ist. Schlimmer noch, die ärmsten Länder von heute sind ärmer als die ärmsten Länder vor 20 Jahren. Mit anderen Worten, die globale Wohlstandsentwicklung ist an manchen armen Ländern vorbeigegangen. Diese haben sich noch ein Stück weiter von der Spitze, ja sogar von der Mitte der globalen Verteilungspyramide entfernt. Die Verringerung der globalen Ungleichheit darf nicht über diese Besorgnis erregenden Tendenzen in einigen wenigen Ländern hinwegtäuschen.

Ein weiterer negativer Aspekt dieser Entwicklung ist die Vergrößerung der absoluten Abstände im Lebensstandard, die weiterhin weltweit zu beobachten ist, trotz des Rückgangs relativer Ungleichheit. Auch wenn der Lebensstandard in den reichen Ländern langsamer steigt als in einer großen Zahl von Entwicklungsländern (insbesondere den bevölkerungsreichsten), so bewirkt ein gewisser prozentualer Anstieg bei ihnen ein höheres absolutes Wachstum des Lebensstandards als der gleiche Prozentsatz in den Entwicklungsländern. Ein schnelleres Wachstum bei Letzteren verringert also nicht zwangsläufig den absoluten Abstand. So ist der relative Abstand zwischen den reichsten und den ärmsten 10 Prozent der Welt, der 1989 etwa beim Faktor 100 lag, bis 2006 auf knapp unter 90 gesunken; aber das absolute Lebensstandardgefälle zwischen beiden Populationen hat sich um ungefähr 6000 Euro erhöht und liegt heute bei 27 000 Euro.

Hält man sich an eine relative Sicht der Ungleichheit, muss die Bilanz des globalen Ungleichheits- und Armutsniveaus der 2000er Jahre günstiger ausfallen. Sicherlich ist die Situation problematisch und die Ungleichheit der Lebensstandards beträchtlich, sogar größer als alles, was jemals innerhalb nationaler Grenzen zu verzeichnen war. Sicherlich lebt nahezu ein Fünftel der Menschheit in extremer Armut. Doch hat sich die Situation innerhalb der letzten 20 Jahre auch spektakulär verbessert, dank des rasanten Wachstums einiger, und zwar gerade der bevölkerungsreichsten Entwicklungsländer.

Die große Kluft

Manche Ungleichheitsmessungen, die sich von den bisher verwendeten unterscheiden, ermöglichen es, die Gesamtungleichheit unter den Erdbewohnern in zwei Teile aufzugliedern: einerseits die Ungleichheit, die aus Differenzen der durchschnittlichen zwischenstaatlichen Lebensstandards resultiert, und andererseits die durchschnittliche binnenstaatliche Ungleichheit. Auf die Geschichte übertragen, bestätigt diese Unterscheidung die dominierende Rolle des zwischenstaatlichen Gefälles beim rapiden Anstieg globaler Ungleichheit, wobei dieses Gefälle selbst nur Ausdruck einer tiefgreifenden Diskrepanz wirtschaftlicher Wachstumsprozesse ist. Im Gegenzug hat die durchschnittliche binnenstaatliche Ungleichheit stark abgenommen, vor allem um die Mitte des 20. Jahrhunderts. Seit den 1980er Jahren ist eine Umkehrung beider Tendenzen zu beobachten: Die zwischenstaatliche Ungleichheit geht stark zurück, während die durchschnittliche binnenstaatliche Ungleichheit nach lang anhaltender Konstanz wieder zu steigen beginnt.

Die Entwicklung der zwischenstaatlichen Ungleichheit spiegelt vor allem die Wachstumslogik der Weltwirtschaft und ihren geografischen Verbreitungsprozess wider. Zu Beginn des 19. Jahrhunderts führte die industrielle Revolution zum »Take-off« der Länder Westeuropas sowie ihrer Exkolonien in der Neuen Welt, allen voran den Vereinigten Staaten. Für anderthalb Jahrhunderte konzentrierte sich das globale Wirtschaftswachstum fast ausschließlich auf diese Länder, in denen ein Fünftel der Weltbevölkerung lebt.

Das Wachstumsgefälle verringerte sich nach dem Zweiten Weltkrieg allmählich, und die Zunahme zwischenstaatlicher Ungleichheit verlangsamte sich bzw. kam ganz zum

Stillstand. Nach dem Aufschwung Japans in der Zwischen-kriegszeit erlebten auch die »Tigerstaaten« (Korea, Hong-kong, Singapur, Taiwan) ein starkes Wirtschaftswachstum. Während des Zweiten Weltkriegs beschleunigte sich das Wachstum in Lateinamerika infolge einer energischen Im-portsubstitutionspolitik. Es forcierte sich auch in den unab-hängig gewordenen europäischen Kolonien.

Schließlich kam es an der Schwelle zum 21. Jahrhundert zur Umkehrung der Wachstumsgeschwindigkeiten zwischen Industriestaaten und Entwicklungsländern. Seit mittlerweile 20 Jahren ist ein Aufholprozess im Gange. Ausgehend von den Staaten Asiens, besonders den Riesen China und Indien, hat er inzwischen einen Großteil der Entwicklungsländer er-fasst, darunter seit kurzem auch Schwarzafrika.

Die Gründe des Wirtschaftswachstums sind vielfältig und hängen häufig mit den Besonderheiten des jeweiligen Landes zusammen. Allerdings gibt es mehrere Allgemein-faktoren, die eine entscheidende Rolle spielen. Die wich-tigsten sind zum einen technologische oder organisatori-sche Innovation, zum anderen die Akkumulation von Produktionsfaktoren, ob es sich dabei um materielle Fakto-ren wie Ausstattung und produktionsbezogene Infrastruk-turen handelt oder um immaterielle Faktoren wie das Bildungs- und Qualifikationsniveau der Arbeitskräfte oder wissenschaftlich-technisches Know-how. Der heutige Wachs-tumsunterschied zwischen Industriestaaten und Schwellen-ländern erklärt sich größtenteils aus diesen beiden Fakto-rengruppen. Der Entwicklungsrückstand erklärt, dass Innovation für das Wachstum der Schwellenländer weniger entscheidend ist, insofern sie von der Erfahrung der Indus-triestaaten profitieren und diese nachahmen können. So-bald der politische und soziale Kontext eine rasche Akkumulation von Faktoren zulässt, kann sich das Wachstum ohne weitere Einschränkung beschleunigen. Bildlich gesprochen könnte man sagen, dass die Industriestaaten sich an der technologischen »Grenze« befinden und mit ihr wachsen, während die Entwicklungsländer sich im »Hinterland« aufhalten und ihr Wachstum allein der Fähigkeit verdanken, in den Industriestaaten vorhandene Technologien und ökonomische Organisationsmodelle zu akkumulieren und ihren Verhältnissen anzupassen.

In diesem Sinne kann man davon ausgehen, dass sich die Entwicklungsländer, als Ganzes betrachtet, in einen nachhaltigen Aufholprozess gegenüber den reichen Ländern befinden. Die Globalisierung erklärt diese Tendenzwende zum Teil. Der Zugang zu den Märkten und Technologien des globalen Nordens hat in der Tat eine Rolle gespielt für das beschleunigte Wachstum in den Schwellenländern des Südens. Außerdem dürfte der rasche Ausbau der Süd-Süd-Beziehungen den Entwicklungsländern eine gewisse Autonomie verschaffen. Da einige große Schwellenländer mittlerweile durch ihr Beispiel die Vorzüge der Akkumulation unter Beweis gestellt haben, wäre es überraschend – sofern es zu keinen schwerwiegenden politischen Verwerfungen kommt –, wenn sich das Wachstum in dieser Weltregion dauerhaft verlangsamen würde.

Natürlich heißt das nicht, dass alle Entwicklungsländer einen dauerhaften Wachstumsprozess durchlaufen. Akkumulation begünstigende Faktoren sind nicht überall und jederzeit vorhanden. Es wird auch weiterhin Nachzügler geben, weil politische oder soziale Umstände den Wachstumsprozess verlangsamen (oder sogar zeitweilig umkehren). Im Großen und Ganzen kann man jedoch davon ausgehen, dass der 100 Jahre dauernde Anstieg zwischenstaatlicher Ungleichheit, der das 19. und einen Großteil des 20. Jahrhunderts geprägt hat, zum Stillstand gekommen ist. Nach kurzzeitigem Verharren auf einem Höchststand setzte ein dauerhafter Rückgang ein.

Wie verhält es sich mit der zweiten Komponente globaler Ungleichheit, der durchschnittlichen binnenstaatlichen Ungleichheit?

Bei einem hohen Ausgangsniveau hat sich die binnenstaatliche Ungleichheit im Laufe des 19. Jahrhunderts leicht erhöht. Anschließend ist sie, in der Zeit zwischen dem Ende des Ersten Weltkriegs und der Periode nach dem Zweiten Weltkrieg, bis etwa in die frühen 1950er Jahre hinein, spürbar gesunken. Die Einführung wirksamer Umverteilungssysteme (ob in Form progressiver Einkommensbesteuerung, Lohnersatzleistungen oder sozialer Absicherung) hat die Ungleichheit in den meisten Industriestaaten stark reduziert. Allerdings verdankt sich der Rückgang der durchschnittlichen binnenstaatlichen Ungleichheit ebenso sehr dem nach der Russischen und Chinesischen Revolution in diesen Ländern eingeführten Egalitarismus sowie der Entstehung des Ostblocks nach 1945.

Auf diesen Rückgang folgte eine Phase der Stagnation bis Anfang der 1980er Jahre. Seither befindet sich die Ungleichheit wieder in einem langsamen, aber stetigen Anstieg. Zweifellos sind wir noch weit von dem Durchschnittsniveau entfernt, wie es zu Zeiten des Ersten Weltkriegs bestand, doch die Trendwende ist unverkennbar und schreitet derzeit sogar beschleunigt voran.

Wie ist die Bedeutung dieses Phänomens einzuschätzen? Stellen wir uns vor, alle Länder hätten genau den gleichen durchschnittlichen Lebensstandard, während innerhalb der Landesgrenzen die Verteilung individueller Lebensstandards unverändert fortbesteht. Dies würde bedeuten, die zwischenstaatliche Ungleichheit wäre beseitigt. In diesem Fall könnte man davon ausgehen, dass sich das Verhältnis zwischen den obersten und den untersten 10 Prozent seit Ende der 1980er Jahre gleichmäßig von 10,9 auf 11,5 erhöht hätte, während der Gini-Koeffizient um anderthalb Prozentpunkte von 0,355 auf 0,370 gestiegen wäre. Zwar ist dieser Anstieg noch bescheiden, doch der Bruch mit den drei Nachkriegsjahrzehnten ist offenkundig.

Sollte sich dieser Trend bestätigen, würde das bedeuten, dass die globale Ungleichheit dabei ist, eine gänzlich neue Richtung einzuschlagen. Die schnellere Entwicklung der Schwellen- und, in geringerem Maße, der Entwicklungsländer trägt dazu bei, die Ungleichheit der Lebensstandards zwischen Erdbewohnern zu verringern. Der Anstieg der Ungleichheiten im nationalstaatlichen Rahmen befördert hingegen deren Zunahme. Derzeit überflügelt die erste Bewegung die zweite, und die Ungleichheit nimmt insgesamt ab. Doch steht zu befürchten, dass diese Entwicklung an Grenzen stößt und die Zunahme binnenstaatlicher Ungleichheit sich beschleunigt und allmählich die zwischenstaatliche Ungleichheit ersetzt. Man würde somit in einen Prozess der »Hineinverlagerung« globaler Ungleichheit in die nationalen Gemeinschaften eintreten: Die Ungleichheit zwischen Amerikanern und Chinesen würde nach und nach durch die Ungleichheit zwischen reichen und armen Amerikanern sowie reichen und armen Chinesen ersetzt. Wir werden auf diese ebenso plausible wie beunruhigende These zurückkommen.[8]

---

[8] Ein erster Entwurf dieser These findet sich in Bourguignon/ Guesnerie, L'économie mondialisée.

Die Auswirkungen der Krise

Angesichts der starken Turbulenzen, denen die Weltwirtschaft derzeit unterliegt, ist es vielleicht nicht uninteressant, sich nach den Auswirkungen der laufenden Krise auf die globale Ungleichheit zu fragen. Die Unterscheidung in »zwischenstaatlich« und »binnenstaatlich« ermöglicht, sich einen raschen Überblick zu verschaffen.

Die Krise hat den Aufholprozess der Entwicklungsländer nicht gebremst, ebenso wenig wie die Verringerung der zwischenstaatlichen Ungleichheit. Der Grund dafür ist, dass die Krise überall das Wachstum beeinträchtigt hat, sodass die Entwicklungsländer in ihrer Gesamtheit den Industriestaaten gegenüber im Vorteil blieben. Auch sie verloren zwei bis drei Prozentpunkte an Wachstum, das aber immer noch weit im positiven Bereich lag, während es in den meisten Industriestaaten auf null sank oder sogar ins Minus rutschte. Bei unveränderten nationalen Ungleichheiten hätte der Gini-Koeffizient damit seit 2007 annähernd einen Prozentpunkt verlieren können. Es bleibt natürlich zu klären, ob dieser Rückgang nicht mit einer Zuspitzung der binnenstaatlichen Einkommensverteilung einherging. Die Ungleichheitsstatistiken entstehen mit einer gewissen Verzögerung, sodass es noch zu früh ist, um mit Bestimmtheit sagen zu können, ob eine solche Entwicklung stattfindet. Es ist allerdings unwahrscheinlich, dass die nationalen Ungleichheiten so stark zugenommen haben, dass sie die Auswirkungen der Konvergenz nationaler Lebensstandards auf die globale Ungleichheit wettmachen.

Zu Beginn der Krise war viel die Rede von einer möglichen konjunkturellen »Entkopplung« zwischen den Ökonomien der Industrie- und denen der Schwellenländer, in der Hoffnung, die wirtschaftliche Dynamik der Letzteren würde die Schwäche der Ersteren kompensieren. Die Globalisierung des Handelsverkehrs macht die Vorstellung einer solchen Entkopplung zu bloßem Wunschdenken. Die tatsächlich stattfindende Entkopplung ist eher struktureller als konjunktureller Art. Sie betrifft die Wachstums*trends*: Die Entwicklungsländer befinden sich langfristig auf einem Weg deutlich größeren Wachstums als die entwickelten Wirtschaften. Dieses grundlegende Faktum der heutigen Weltwirtschaft wird auch durch die Krise nicht in Frage gestellt.

II Wird die Ungleichheit innerhalb der Nationen größer?

Nach einem starken Rückgang um die Mitte des 20. Jahrhunderts, gefolgt von einer langen Stabilitätsphase, ist die Ungleichheit in den meisten Industriestaaten innerhalb der letzten zwei bis drei Jahrzehnte wieder angestiegen. Sie hat auch in der Hälfte der Entwicklungsländer zugenommen, aus denen Daten über einen längeren Zeitraum verfügbar sind. Das Phänomen beschränkt sich also nicht auf Einzelfälle wie die häufig zitierten der Vereinigten Staaten und Chinas. Zeichnen sich hinter diesen Entwicklungen gravierende Tendenzen ab? Ist die zwischenstaatliche Ungleichheit dabei, von binnenstaatlichen Ungleichheiten abgelöst zu werden?

Der Anstieg der nationalen Einkommens-ungleichheiten

Es ist kaum möglich, einen Überblick zu geben, ohne mit den Vereinigten Staaten zu beginnen. Denn in keinem anderen Land ist der Anstieg der Ungleichheiten so spektakulär, wie Abbildung 2 beweist. Darin sind die Schätzwerte von Thomas Piketty und Emmanuel Saez[9] bis 2008 fortgeschrieben. Zu diesem Zeitpunkt erreichte die Einkommensungleichheit wieder den Stand wie 100 Jahre zuvor. Nach 40-jähriger Stabilität scheint die amerikanische Gesellschaft

---

[9] Piketty/Saez, »Income Inequality in the United States, 1913–1998«.

die Gleichheitsfortschritte, die nach der Krise der 1930er Jahre und während des Zweiten Weltkriegs erzielt wurden, sukzessive wieder getilgt zu haben.

Abbildung 2
Anteil der reichsten 10 Prozent am gesamten (Primär-)Einkommen der Haushalte: Vereinigte Staaten, 1920–2008

Quelle: Word Top Incomes

Die Grafik bezieht sich auf die Verteilung der Primär-einkommen, das heißt Erwerbseinkommen vor Steuern und Transferleistungen. Das Ungleichheitsniveau sinkt um einiges, wenn man die ganze Umverteilung einbezieht, dennoch bleibt der Anstieg beträchtlich. Denn das amerikanische Umverteilungssystem mildert die steigende Ungleichheit der Primäreinkommen nur in sehr bescheidenem Maße.

Der Anstieg primärer Ungleichheiten ist ebenso deutlich, wenn man sich ausschließlich auf unselbständige Erwerbsarbeit beschränkt. In den Vereinigten Staaten war zwischen Mitte der 1970er und Mitte der 1980er Jahre ein relativer Rückgang der Niedriglöhne im Verhältnis zum Medianlohn (der die Bevölkerung in zwei gleiche Hälften teilt) zu verzeichnen, gefolgt von einer partiellen Erholung und einer anschließenden Phase vergleichsweise hoher Stabilität. Die hohen Löhne hingegen sind im Verhältnis zum Medianlohn regelrecht explodiert. Die Löhne und Gehälter der 10 bestbezahlten Prozent der Beschäftigten lagen vor 1980 im Durchschnitt 80 Prozent über dem Medianlohn. Seit 1995 übertreffen sie ihn um 125 Prozent. Der Abstand vergrößert sich noch, wenn man nur die obersten Zentile betrachtet.

Dieser Anstieg der Ungleichheit führt zu eindrucksvollen Diskrepanzen bei der Verteilung der Wachstumsgewinne. Die Zahlen der Haushaltsbehörde des amerikanischen Kongresses (Congressional Budget Office) belegen, dass zwischen 1979 und 2006 das durchschnittliche Haushaltseinkommen (inflationsbereinigt und vor Steuern) um insgesamt 50 Prozent gestiegen ist. Doch betrug das Gesamtwachstum für das ärmste Fünftel nur 10 Prozent, während es beim obersten Zehntel die 100-Prozent-Marke überschritt. Der überwiegende Teil des gesamten Kaufkraftzuwachses ist also den reichsten Familien zugutegekommen. Genauer gesagt, haben sich die reichsten 10 Prozent zwei Drittel des Wachstumsprodukts angeeignet, von denen wiederum der Löwenanteil an die obersten Zentile ging!

Ist dieses Phänomen auch in anderen Ländern zu beobachten? In der Tat hatten die meisten Hochlohnländer der OECD im Laufe der letzten 20 Jahre einen Anstieg der Lohn- und Einkommensungleichheit zu verzeichnen. Auch wenn dieser Anstieg im Allgemeinen geringer ausfällt als in den Vereinigten Staaten, ist er dennoch häufig gravierend. In drei Vierteln der OECD-Länder hat der Anteil der reichsten 20 Prozent am verfügbaren Gesamteinkommen um 2 oder mehr Prozent zugelegt und der Gini-Koeffizient ist um 2 oder mehr Prozentpunkte gestiegen. Zu diesen Ländern gehören natürlich die Vereinigten Staaten, aber auch Großbritannien, Deutschland, Italien und die skandinavischen Länder, die doch für ihren Egalitarismus bekannt sind (siehe Abbildung 3, S. 38).

Dieser Wandel des Ungleichheitsniveaus könnte auch auf eine Neuordnung der Umverteilungssysteme hindeuten, statt auf Veränderungen in der Verteilung der Primäreinkommen. Der Entwicklung der Lohnungleichheit nach zu urteilen scheint das aber nicht der Fall zu sein. In einem neueren OECD-Bericht findet sich die Bemerkung, dass die Lohnungleichheit (gemeinhin allein nach Vollzeitarbeitsplätzen berechnet) »in den meisten OECD-Ländern zugenommen hat, weil die hohen Einkommen besonders stark gewachsen sind«.[10] Auch eine aktuelle Studie der Internationalen Arbeitsorganisation kommt zu dem Ergebnis, dass zwei Drittel der OECD-Länder zwischen 1985 und 2005 einen Anstieg der Lohnungleichheit zu verzeichnen hatten,

---

[10] OCDE, Growing Unequal [dt.: Mehr Ungleichheit trotz Wachstum? Einkommensungleichheit und Armut. Zusammenfassung in Deutsch, http://www.oecd.org/els/socialpoliciesand data/41525363.pdf. Aufgerufen am 4. 1. 2013].

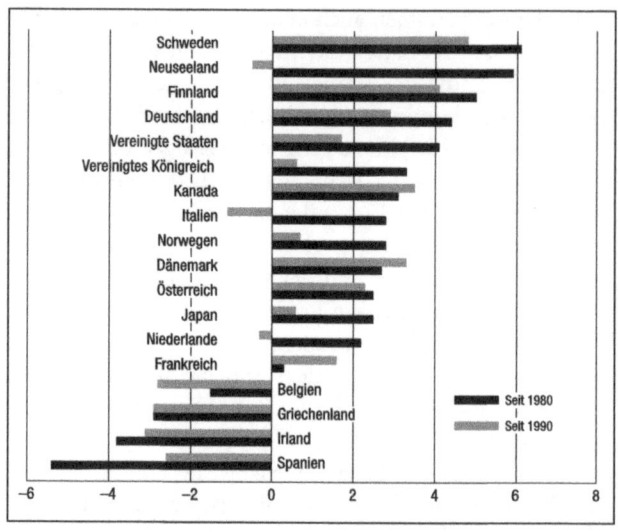

Abbildung 3
Veränderung der Ungleichheit bei Haushaltseinkommen nach Steuern und Transfers in verschiedenen OECD-Staaten von 1980 bis zum Ende der 2000er Jahre[11] (Gini-Koeffizient).

Quelle: OECD

in der Hälfte der Fälle, weil sich die hohen Einkommen noch deutlicher vom Rest der Verteilung abhoben, in der anderen Hälfte aufgrund einer doppelten Entfernung der Spitze und der Basis der Verteilung vom Zentralwert.[12]

---

[11] Letztes bekanntes Jahr nach 2005.
[12] Kolev/Saget, »Are Middle-Paid Jobs in OECD Countries Disappearing?«.

Frankreich – eine Ausnahme?

Auch wenn man in Anbetracht dieser Statistiken begreift, warum der OECD-Bericht mit *Mehr Ungleichheit trotz Wachstum* betitelt ist, darf man daraus nicht den Schluss ziehen, dass dieser Anstieg der Ungleichheit in allen Industriestaaten anzutreffen wäre. Frankreich ist eines jener Hochlohnländer, in denen die Einkommensungleichheit ziemlich stetig zurückgegangen ist (von Ende der 1960er Jahre bis in jüngste Zeit). Die Ungleichheiten erreichten um die Mitte der 1990er Jahre einen Tiefststand, auf einem verglichen mit anderen Industriestaaten relativ niedrigen Niveau. Wie man aus Abbildung 3 ersehen kann, ist die Ungleichheit seither wieder gestiegen, ganz wie in mehreren anderen Industriestaaten, wenn auch in geringerem Umfang. Zwischen 1998 und 2008 ist der Lebensstandard der Gesamtbevölkerung um 16 Prozent gestiegen, wobei die Zunahme des obersten Dezils mit 22 Prozent etwas höher lag, aber beim obersten Zentil stolze 40 Prozent betrug. Betrachtet man die Entwicklung der Lohnungleichheit seit den 1970er Jahren, gelangt man zur gleichen Schlussfolgerung. Die Lohnungleichheit bei Vollzeitkräften ging beständig zurück, bevor sie in den allerletzten Jahren im oberen Verteilungssegment beträchtlich anstieg.

Die Mindestlohnpolitik kann das konstante Verhältnis zwischen Verteilungsbasis und Medianlohn erklären. Sie hat mehrfach dafür gesorgt, dass die Einkommen am unteren Ende der Lohnpyramide schneller stiegen. Eine weitere Erklärung ist die beständige Erhöhung der Sozialabgaben, die die Nettolöhne im mittleren und oberen Segment der Verteilungsskala stärker beschnitten hat als die der unteren Hälfte, die wiederum durch den gesetzlichen Mindestlohn geschützt waren. Dennoch bleibt zu klären, ob die Vergrößerung der Lohnabstände nicht zu Lasten einer anderen Art von Ungleichheit vermieden wurde: der Arbeitslosigkeit. Festzuhalten bleibt ferner, dass die Abstände im oberen Verteilungssegment gewachsen sind, wenn auch weniger ausgeprägt als anderswo. Das Beispiel Spaniens und Irlands, wo die Ungleichheit bei Löhnen und Lebensstandards seit Mitte der 1980er Jahre merklich zurückgegangen ist, zeigt, dass nicht überall die gleichen Tendenzen am Werk sind. Osteuropa stellt einen Sonderfall dar: dort hat die Ungleichheit zugenommen, allerdings aufgrund des »Übergangs« von einer sozialistischen zu einer Marktwirtschaft.

Auch in den meisten Entwicklungsländern hat die Ungleichheit der Lebensstandards zwischen Mitte der 1980er und Mitte der 2000er Jahre zugenommen,[13] und zwar besonders deutlich in einigen der Länder, die an der Spitze des Süd-Nord-Aufholprozesses stehen. Die Zunahme der Ungleichheit in China wird häufig als eine der Schattenseiten seiner außerordentlichen Entwicklungsleistung bezeichnet. Sie hat aber insofern nicht besonders Überraschendes, als China eine Wirtschaft im »Übergang« vom Sozialismus zum Markt ist, was nur mit steigender Ungleichheit einhergehen konnte. Aufschlussreicher ist vielmehr, dass sich diese Zunahme der Ungleichheit in den letzten Jahren fortzusetzen und sogar zu beschleunigen scheint, und das mehr als 20 Jahre nach Beginn der Reformen. Im Übrigen verläuft sie gleichmäßig und beschränkt sich nicht, wie bisweilen angenommen wird, auf eine für den Entwicklungsprozess typische Schieflage zwischen dem Wachstum der großen Industriezentren und der relativen Stagnation der traditionellen Landwirtschaft. Sie betrifft alle Wirtschaftszweige

---

[13] Diese Schätzung basiert auf den POVCAL-Daten der Weltbank.

und alle Landesteile. Mehrere weitere große asiatische Schwellenländer haben in jüngster Zeit einen vergleichbaren Anstieg der Ungleichheit erlebt. So Indien, Indonesien, Bangladesh und Vietnam.

In anderen Entwicklungsregionen der Welt ist die Zunahme der Ungleichheit weniger ausgeprägt. In Afrika haben manche Länder mit dem stärksten und beständigsten Wachstum eine Spreizung der Lebensstandards zu verzeichnen. So Ghana und die Elfenbeinküste vor den Unruhen von 2002. Auch die lateinamerikanischen Länder weisen eine gewisse Heterogenität auf, mit einem Anstieg bis Mitte der 1990er Jahre sowie, in manchen Fällen, einem Rückgang im Laufe des letzten Jahrzehnts. Insgesamt dürfte sich die durchschnittliche Ungleichheit in gut der Hälfte der Länder während der letzten 20 Jahre eher erhöht haben. In anderen hat sie dagegen abgenommen. In Brasilien scheint sich um die Jahrtausendwende ein historischer Bruch vollzogen zu haben, und die Ungleichheit ist dort seit etwa zehn Jahren stark rückläufig.

Das Fazit, das aus diesem raschen Überblick zu ziehen wäre, lautet, dass es in vielen Ländern, besonders in den Industrieländern und allen voran den Vereinigten Staaten, zunehmende Disparitäten bei den Löhnen und Lebensstandards gibt. Diese Tendenz äußert sich auch in anderen Ungleichheitsdimensionen, je nach Land stärker oder schwächer ausgeprägt: Zunahme des Profitanteils am Volkseinkommen, Zunahme der Prekarität, steigende Vermögenskonzentration, wachsende Diskriminierung in Ländern mit starker Zuwanderung usw. Die Schwierigkeit ist, dass diese zusätzlichen Dimensionen von Ungleichheit konjunkturellen Schwankungen unterliegen und auf jeden Fall schwer zu messen sind. Verglichen mit der Periode relativer

Stabilität, die für die drei oder vier Nachkriegsjahrzehnte charakteristisch war, scheint es jedoch so, als würden alle diese Aspekte von Ungleichheit einen grundlegenden Wandel durchlaufen. In der öffentlichen Meinung wird dieser Sachverhalt, wahrscheinlich beeinflusst von den gestiegenen Einkommen der »Superreichen«, deutlicher wahrgenommen, als sich durch eine rein statistische Analyse beweisen lässt.

Insofern als dieses Phänomen vergleichsweise homogen auftritt, fällt es schwer, es nicht auf gemeinsame Ursachen und speziell die Globalisierung zurückzuführen. Die zunehmende Öffnung der Volkswirtschaften für den internationalen Handel mit Gütern und Dienstleistungen, für die Kapitalströme und die Zirkulation von technischem Know-how und vor allem die Einbeziehung neuer Akteure in diese Tauschbeziehungen stellen in der Tat mögliche und wesentliche Erklärungen dar.

Globalisierung und Deindustrialisierung

Die 1980er und frühen 1990er Jahre waren Zeugen eines radikalen Wandels der Weltwirtschaft: der Öffnung ganzer Weltregionen für den internationalen Handel, Chinas in den 1980er Jahren, des Ostblocks und Indiens zu Beginn der 1990er Jahre. Der Eintritt dieser Giganten in den Welthandel bedeutete, dass ungefähr eine Milliarde zumeist nicht qualifizierter Arbeitskräfte in die internationale Konkurrenz geworfen wurden und sorgte dadurch für eine relative Verknappung anderer Produktionsfaktoren, vor allem von Kapital, qualifizierter Arbeit und Rohstoffen. Die relative Vergütung dieser Faktoren und ihr Anteil an den Volksein-

42

kommen stieg infolgedessen überall auf der Welt, während der Anteil nicht qualifizierter Arbeit sank.

Die Konkurrenz dieser Neueinsteiger auf den Weltmärkten, ihrerseits erleichtert durch Direktinvestitionen aus den Industriestaaten, wurde noch potenziert durch eine verschärfte Konkurrenz innerhalb der entwickelten Volkswirtschaften (aufgrund von Deregulierung, Liberalisierung des Handels und, in Europa, des EU-Binnenmarktes). Der technische Fortschritt ermöglichte ebenfalls eine zunehmende internationale Fragmentierung der Wertschöpfungsketten, mit dem Ziel, durch Outsourcing an ausländische Subunternehmen die Produktionskosten zu senken.

In den entwickelten Volkswirtschaften konnte zunächst der Eindruck entstehen, als würden durch diese Globalisierung des Handels vor allem die Löhne der gering qualifizierten, billiger Weltmarktkonkurrenz ausgesetzten Arbeiter unter Druck geraten. In diesem Sinne wurden verschiedentlich, nicht ohne Grund, die sinkenden Reallöhne nicht qualifizierter Arbeit in den Vereinigten Staaten in den 1980er Jahren sowie die anhaltend hohe Arbeitslosigkeit in Europa interpretiert. Ein zeitgenössischer amerikanischer Ökonom fragte sich sogar, ob die Löhne dieses Arbeitskraftsegments nicht »in Peking festgelegt« würden.[14] Inzwischen ist dieses Phänomen allem Anschein nach bis in die Mitte der Qualifikationsskala vorgedrungen.

Heute herrscht die Meinung vor, dass aufgrund der Globalisierung ein Großteil der Produktion von Handelswaren, die auf dem Einsatz nicht qualifizierter Arbeit beruht, in Schwellenländern angesiedelt ist. In den Industriestaaten konzentriert sich diese Arbeitskraft heute in Sektoren, die

---

[14] Freeman, »Are Your Wage Set in Beijing?«.

vor der internationalen Konkurrenz geschützt sind, wie personenbezogene Dienstleistungen oder das Hotel- und Gaststättengewerbe. Hingegen führen die Fortschritte in den Informations- und Kommunikationstechnologien zu einer zunehmenden Verlagerung von Back-Office-Tätigkeiten (Buchhaltung, statistisches Monitoring, EDV-Entwicklung usw.), die eine viel qualifiziertere Arbeitskraft erfordern, in Schwellenländer. Diese Entwicklung trägt zu einer Verringerung der Nachfrage und folglich relativen Schlechterbezahlung solcher Arbeitskräfte in den Industriestaaten bei. Da die Nachfrage nach Höchstqualifikationen konstant hoch bleibt,[15] ergibt sich daraus in der Summe eine Verschiebung der Einkommensverteilung zu Lasten geringer und mittlerer und zugunsten höherer Qualifikationen. Hinzu kommt der Umstand, dass die relativ höhere Vergütung anderer Produktionsfaktoren als der Arbeit die Besitzer dieser Faktoren begünstigt, die eher am oberen Ende der Verteilungsskala angesiedelt sind.

Daraus sollte man allerdings nicht den Schluss ziehen, dass die derzeit beschleunigte Phase der Globalisierung zu einem allgemeinen Niedergang der Industriestaaten zugunsten der Schwellenländer geführt hat. Alles in allem haben beide Gruppen von dieser Ausweitung des Handels profitiert. Hinsichtlich der Schwellenländer besteht wenig Zweifel daran, dass die Öffnung zu einem rascheren Wachstum beigetragen hat. In den Industriestaaten hatten einige Branchen unter dieser neuen Konkurrenz zu leiden, andere hingegen, besonders die kapital- und technologieintensiven Güter- und Dienstleistungssektoren, profitieren von der

---

[15] Goos/Manning/Salomons, »Explaining Job Polarization in Europe«.

neuen Situation, während weitere Bereiche, vor allem des Dienstleistungsgewerbes, von der neuen internationalen Konkurrenz verschont bleiben. Außerdem hat sich der Preis vieler, mittlerweile importierter Güter verbilligt, was zu einem spürbaren Anstieg der Kaufkraft beiträgt. Ohne Frage war der Gewinn binnenwirtschaftlich ungleich verteilt, die Bilanz aber insgesamt dennoch positiv.

Abgesehen von ihrer Auswirkung auf die Löhne ist die Globalisierung mit einer weiteren Art von Ungleichheit verbunden, der Arbeitsplatzunsicherheit, die jeder größere wirtschaftliche Strukturwandel mit sich bringt. Teilweise als Folge der neuen Konkurrenz aus den Schwellenländern hat sich die Zahl der Arbeitsplätze im verarbeitenden Gewerbe in den Vereinigten Staaten seit 1980 halbiert, in Großbritannien etwas mehr und in Frankreich etwas weniger als halbiert. Auch in Deutschland ist sie zurückgegangen. In manchen Ländern, die früher als »industrialisiert« bezeichnet wurden, sind heute kaum mehr, manchmal weniger, als 10 Prozent der Beschäftigten in diesem Sektor tätig; vor 30 Jahren waren es noch 20 bis 30 Prozent. Sicherlich gibt es noch weitere Gründe für diesen Verlust industrieller Arbeitsplätze: der technische Fortschritt, der in der Industrie schneller verläuft als anderswo, oder die Veränderung der Konsumstruktur, die sich mehr zugunsten von Dienstleistungen verschoben hat. Ein Rückgang solchen Ausmaßes wäre allerdings nicht möglich gewesen ohne die Ausweitung des Handels mit weniger industrialisierten Ökonomien und in jüngster Zeit mit den aufstrebenden asiatischen Staaten.

Außerdem ist darauf hinzuweisen, dass das Problem weniger in der »Verlagerung« als in der Schließung nicht mehr konkurrenzfähiger Standorte besteht, gefolgt von der Schaffung neuer Produktionskapazitäten im Ausland. Von den

70 000 Arbeitsplätzen, die in Frankreich zwischen 1980 und 2007 jährlich im verarbeitenden Gewerbe verlorengingen, waren weniger als 10 Prozent auf direkte Standortverlagerungen in Schwellenländer, aber mehr als 30 Prozent auf die internationale Konkurrenz im Allgemeinen zurückzuführen (Einstellung der Produktion ohne Standortwechsel, Aufbau neuer Betriebe im Ausland), 30 Prozent auf Produktivitätsgewinne und sinkende Binnennachfrage sowie weitere 30 Prozent auf die Auslagerung mancher Tätigkeiten in den Dienstleistungssektor, inklusive Leiharbeit.[16] Allerdings sollte nicht unerwähnt bleiben, dass diese verschiedenen Komponenten nicht unabhängig voneinander sind. Speziell die Produktivitätsgewinne hängen indirekt mit der Globalisierung zusammen, insofern sie eine Methode darstellen, sich gegen die Konkurrenz, gleich welcher Herkunft, durch Reduktion des Arbeitseinsatzes pro Produktionseinheit zu behaupten. In Frankreich ist dementsprechend die Zahl der Arbeitsplätze pro konstantem Euro industrieller Produktion in 25 Jahren auf ein Sechstel geschrumpft.

Kurz gesagt, selbst wenn das Phänomen der »Standortverlagerung« streng genommen nur von begrenzter Auswirkung auf die industrielle Beschäftigung ist, steht außer Frage, dass die Globalisierung zu einer Deindustrialisierung der Industriestaaten und einer Prekarisierung der Arbeitsverhältnisse in den am meisten betroffenen Regionen geführt hat. Unstrittig ist ferner, dass die Konkurrenz von Niedriglohnländern, begünstigt durch technische Fortschritte, in manchen Dienstleistungssektoren um sich greift und damit heute auch höhere Qualifikationssegmente entwickelter Volkswirtschaften in Mitleidenschaft zieht.

---

[16] Vgl. Demmou, »La désindustrialisation en France«.

Die Globalisierung aus der Sicht des Südens

Die Auswirkungen der Globalisierung auf die Schwellenländer sind gänzlich anderer Art. Einerseits erwies sich die Erhöhung der Exporte, ermöglicht durch die Globalisierung des Handels und häufig gefördert durch externe Investitionen aus den reichen Ländern, als mächtiger Entwicklungsfaktor. Andererseits ist der Zusammenhang zwischen dieser Öffnung und dem Verlauf der Ungleichheit bei weitem nicht so eindeutig.

In den Ökonomien dieser Länder sind es gleichermaßen diese Entwicklung selbst wie die Globalisierung des Handels, die eine wirtschaftliche Umstrukturierung zugunsten moderner gewerblicher Sektoren herbeiführen. Unter diesen Umständen stellte der Export von Industriegütern in die reichen Länder einen mächtigen Entwicklungsmotor in China und anderen asiatischen Ländern dar, wie in den 1960er und 1970er Jahren im Falle der »Tigerstaaten« (Südkorea, Hongkong, Singapur und Taiwan).

Unter dem Gesichtspunkt der Verteilung schlägt dieser durch die Globalisierung des Handels bedingte Strukturwandel eine viel positivere Richtung ein als in den Industriestaaten. Zunächst einmal bewirkt er eine Abwanderung von Arbeitskräften aus einem landwirtschaftlichen Sektor mit geringer Produktivität in einen besser bezahlten Industriesektor, der im oberen Bereich der Verteilungsskala (aber nicht an der Spitze) angesiedelt ist. Bei den »Tigerstaaten« verlief dieser Prozess ohne größere Folgen für die Einkommensverteilung. Hingegen hat in China und Indien die Ungleichheit in den letzten Jahren zugenommen. Natürlich waren auch andere Kräfte am Werk: In China musste der Übergang von einer sozialistischen zu einer Marktwirtschaft unweigerlich zu einem Anstieg der Ungleichheit führen. In jüngster Zeit hat der rasche Vermögenszuwachs einer im Entstehen begriffenen Unternehmerklasse sowie die gestiegene Nachfrage nach hochqualifizierten Arbeitskräften zu einer stärkeren Einkommenskonzentration beigetragen.

Man wird der Rolle der Globalisierung beim Anstieg binnenstaatlicher Ungleichheiten nicht gerecht, wenn man nicht auf ihre Beziehung zur gestiegenen Kapitalrendite hinweist, einem wichtigen Faktor für die zunehmende Ungleichheit. In den entwickelten Ländern hat die Globalisierung zu einer Spezialisierung auf Güter beigetragen, deren Produktion mehr Kapital erfordert, was für dessen relative Verknappung sorgt und damit die Rendite erhöht. In Entwicklungsländern mit hohem Arbeitskräfteangebot hat die Globalisierung die Entstehung neuer Unternehmen ermöglicht, die direkt oder indirekt für den Weltmarkt produzieren, und zwar ohne spürbare Erhöhung der Arbeitskosten, also mit hohen Profitraten. In Ländern, die reich an mineralischen oder landwirtschaftlichen Rohstoffen sind, waren es ebenfalls das Kapital oder die Großgrundbesitzer, die vom Anstieg der Preise und der Nachfrage nach Rohprodukten profitierten.

Auf globaler Ebene haben die Investitionen von multinationalen Konzernen in Schwellen- bzw. Niedriglohnländer oder in die Förderindustrien rohstoffreicher Länder ebenfalls zu einem Anstieg der Profitraten beigetragen. Darin liegt nichts Überraschendes, denn die Erhöhung der Profitraten war ja gerade einer der wesentlichen Antriebe der Globalisierung selbst!

Superstars, Bosse und Spitzeneinkommen

Alle Volkswirtschaften, die der reichen genauso wie die der Schwellen- oder Entwicklungsländer, sind der Globalisierung des Handels ausgesetzt und haben dieselben technologischen Veränderungen durchgemacht, die sich nachteilig auf die Einkommensverteilung auswirkten. Betrachten wir nunmehr einige Folgen dieses Wandels, aus denen sich der rasante Anstieg der Spitzeneinkommen erklären lässt.

Die Entwicklung der Kommunikationstechnologien hat das Publikum für Künstler und Sportler um ein Vielfaches erhöht. Enrico Caruso, der erste Opernsänger, der zum internationalen Star wurde, verkaufte ungefähr eine Million Platten. Ein knappes Jahrhundert später verkaufte Luciano Pavarotti mehr als 100 Millionen. Die Sänger von einst waren gezwungen, vor einem begrenzten Publikum und in geschlossenen Räumen aufzutreten, wenn sie gehört werden wollten. Auf ihrer letzten Welttournee hat die Rockgruppe U2 mehr als 100 Konzerte in Stadien und anderen öffentlichen Orten vor durchschnittlich 40 000 Besuchern gegeben! Es erscheint einleuchtend, dass das Einkommen dieser Künstler im Vergleich zu dem anderer, weniger bekannter Künstler in etwa denselben Proportionen gestiegen ist.

Das Gleiche gilt für Kino, Fernsehen, Buchmarkt und Sport. J. K. Rowling, die »Mutter« von Harry Potter, verfügt über ein Jahreseinkommen von zirka 300 Millionen Dollar, während 90 Prozent der englischsprachigen Schriftsteller weniger als 80 000 Dollar verdienen. Der argentinische Fußballer Javier Pastore von Paris Saint-Germain verdient mehr als 5 Millionen Euro pro Jahr, das Zehnfache eines durchschnittlichen Spielers der ersten französischen

Liga. Die Menge an Leuten, die bereit sind, eine im Grunde bescheidene Summe zu zahlen, um diese Superstars zu sehen, oder die Summen, die ihnen von Werbepartnern geboten werden, um ein so großes Fanpublikum zu erreichen, generieren beträchtliche Einkommen. Diese Superstars machen einen hohen Anteil an den Spitzeneinkommen aus.

Aus demselben Skalenphänomen lässt sich das Auftreten weiterer »Spitzeneinkommen« in jüngster Zeit erklären. In der Finanzwelt werden gute Investmenthändler am Jahresende mit Prämien (oder »Boni«) belohnt, die in etwa den von ihnen generierten Gewinnen entsprechen. Die durch Computer- und Kommunikationstechnik möglich gewordene Ausdehnung des Geschäftsvolumens hat den Umfang der von einer einzelnen Person betreuten Portfolios erhöht und damit einen ansehnlichen Teil der »Trader« in die Riege der Spitzenverdiener befördert.

Auf derselben Linie liegt die Erklärung für die in schwindelerregende Höhen steigenden Gehälter des Topmanagements von Großkonzernen, die häufig für Gesprächsstoff sorgen. Es ist bemerkenswert, dass die Gehälter der Führungskräfte so eng mit der Größe der von ihnen geleiteten Unternehmen zusammenhängen. So verdienen die Bosse der zehn größten amerikanischen Konzerne etwa viermal so viel wie die Chefs von Unternehmen, die um Platz 100 der Rangliste stehen. In Frankreich beträgt das Verhältnis 1:3. In ähnlicher Weise liegt der Börsenwert der zehn größten amerikanischen Konzerne dreimal so hoch wie der der zehn größten französischen Konzerne, und die Gehälter ihrer Führungskräfte betragen das Vier- bis Fünffache. Ebenso bemerkenswert ist, dass das Größenwachstum der Großunternehmen (de facto »Multis«) in den letzten zwei bis drei Jahrzehnten mit einem relativ höheren Anstieg der Gehälter ihrer Führungskräfte, im Vergleich zu kleineren Unternehmen, einherging.[17]

Wenn sich der sprunghafte Anstieg der Führungsgehälter auch teilweise aus der zunehmenden Größe der Großunternehmen erklärt, bleibt die Frage, ob diese Gehälter ein wirkliches Talent vergüten, gleichwohl umstritten. Das Argument, dass horrende Summen von mehreren Millionen Euro oder Dollar notwendig seien, um die Topmanager zu motivieren, ihr Bestes zu geben, klingt ziemlich fadenscheinig. Vielleicht liegt ein Körnchen Wahrheit in diesem Argument, aber es fällt schwer zu glauben, dass sich hier nicht zugleich die Auswirkungen der von diesem Führungspersonal angehäuften Informationsrenten bzw. Übertragungs- oder Nachahmungseffekte zwischen Unternehmen geltend machen. Es ist auch möglich, dass sich diese Praktiken mit der Zeit in neue soziale Normen verwandelten und der Zusammenhang zwischen Bezahlung und realer Produktivität dadurch allmählich verlorenging. Im Übrigen ist festzuhalten, dass der Anstieg der Führungsgehälter ein relativ neues Phänomen darstellt. Das Gehaltsniveau des amerikanischen Managements blieb von der Vorkriegszeit bis in die 1970er Jahre bemerkenswert stabil, trotz der internationalen Expansion einiger amerikanischer Großkonzerne in den 1950er und 1960er Jahren.[18]

Innerhalb der Konzerne hat sich der Gehaltsanstieg der Vorstände auf ihre Führungsstäbe und hochrangige Manager erweitert. Solche Diffusionseffekte existieren auch in an-

---

[17] Vgl. Gabaix/Landier, »Why Has CEO Pay Increased so Much?«, und allgemeiner Palomino, Comment faut-il payer les patrons?.

[18] Frydman/Saka, »Executive Compensation«.

deren Bereichen. Im Finanzsektor kann der Leiter eines Handelsraums schwerlich weniger verdienen als einer seiner Trader, und das Gehalt der Spitzenkräfte kann nicht weit hinter dem eines Handelsraumleiters zurückbleiben. Eine andere Art von Verbreitung verläuft über das Erbringen von Dienstleistungen für Superstars und Großkonzerne. Rechtsanwälte zum Beispiel, die mit Streitsachen befasst sind, in denen es um beträchtliche Summen geht, lassen sich ihre Dienste dem Streitwert entsprechend vergüten. Die Honorare mancher Kanzleien sind folglich im gleichen Maße explodiert wie die Gagen der Superstars. Über dieses Diffusionsphänomen hat der Aufstieg der Superstars nachhaltigen Einfluss auf die Einkommensverteilung genommen.

Die Globalisierung kann diesen Wandel bis zu einem gewissen Grad erklären. Tatsächlich haben technologische Veränderungen die Erweiterung des Publikums für Showstars und Spitzensportler sowie wachsende Unternehmensgrößen erst ermöglicht. Diese Expansion fand zumeist in einem internationalen Rahmen statt, durch Verbreitung von Markenimages, Eroberung von Märkten und Ansiedlung von Produktionsstätten außerhalb des Herkunftslandes des Stars oder Multis. Die technologische Entwicklung, die den Stars ein größeres Publikum und den Unternehmen einen größeren Markt verschaffte, ging also Hand in Hand mit der Globalisierung des Handels. Aus diesem Grund beschränkte sich der Anstieg der Spitzeneinkommen nicht auf die führenden Volkswirtschaften. Technischer Fortschritt und wachsende Unternehmensgrößen erklären auch die explodierenden Gehälter indischer Bollywood-Stars und Cricket-Champions oder die Zahl chinesischer Milliardäre.

Institutionen versus Markt

Die bisher genannten Erklärungen beziehen sich alle auf Mechanismen des Marktes. Die Volkswirtschaften oder die Weltwirtschaft werden von Erschütterungen getroffen – technologische Fortschritte, Öffnung von Schwellenländern –, die den Umfang der produzierten und gehandelten Gütermengen verändern, sich in der Schaffung und Vernichtung von Arbeitsplätzen niederschlagen und für Preis- und Lohnschwankungen sorgen. Die Mechanismen funktionieren in einem vorgegebenen institutionellen Umfeld, auf nationaler wie auf internationaler Ebene. Nun hat sich dieses Umfeld seinerseits gewandelt und zu Veränderungen der Marktmechanismen und der Einkommensverteilung geführt.

Der mit Sicherheit bedeutendste institutionelle Einschnitt im letzten Drittel des 20. Jahrhunderts war die Deregulierung der Märkte, die Anfang der 1980er Jahre in den Vereinigten Staaten von der Reagan-Administration und im Großbritannien von der Thatcher-Regierung auf den Weg gebracht wurde und anschließend ihren Siegeszug über die Welt antrat, mit deutlicher Beschleunigung nach dem Fall der Berliner Mauer von 1989. Es ging darum, die – für zu streng erachtete – Kontrolle zu lockern, die die Staaten seit dem Ende der Weltwirtschaftskrise in den späten 1930er Jahren bis in die 1970er Jahre, dem Ende der Wiederaufbauphase nach dem Zweiten Weltkrieg, über die Märkte ausübten. Politisch durchgesetzt werden konnte die Deregulierung im Zuge der Anpassung der Volkswirtschaften an eine sich wandelnde Weltwirtschaft, die mit der Erhöhung der Ölpreise 1973 und 1979 gerade ihre erste große Krise erlebt hatte. Dieser Prozess hat mehrere Dimensionen.

Steuerwesen

Die unter dem Gesichtspunkt der Verteilung wichtigsten Reformen betrafen zweifellos das Steuersystem und speziell die Senkung der Einkommensteuern. Die Begründung war, dass die marginalen Einkommensteuerspitzensätze einen nahezu »konfiskatorischen« Charakter hätten und Investitionen und unternehmerische Initiative entmutigen würden. Niedrigere Sätze würden diese Anreize wiederherstellen und die Steuerhinterziehung eindämmen, ohne die Steuereinnahmen zu beeinträchtigen. Der marginale Spitzensteuersatz wurde somit während der Amtszeit Reagans in den Vereinigten Staaten von 70 Prozent auf 40 Prozent und im ersten Jahr der Thatcher-Regierung in Großbritannien von 83 Prozent auf 60 Prozent gesenkt. Im Gegenzug stieg die Mehrwertsteuer in England von 6 Prozent auf 15 Prozent, eine ganz offenkundig doppelt regressive Reform. Mehrere andere Länder ergriffen etwa zur selben Zeit ähnliche, aber weniger weitreichende Maßnahmen (Deutschland 1986–1990 und 2003; Frankreich 1986 und 2002). Ein spektakulärer Fall war die »Jahrhundertsteuerreform« in Schweden von 1991. In diesem traditionell egalitären Land wurde der marginale Einkommensteuerspitzensatz von 70 Prozent auf 45 Prozent gesenkt, während eine Anhebung der Mehrwertsteuer die steuerlichen Einnahmeverluste teilweise ausglich. Die Ungleichheit nahm dadurch spürbar zu.

Die Entwicklung des marginalen Einkommensteuerspitzensatzes vermittelt nur eine unvollständige Vorstellung von den im Rahmen der wirtschaftlichen Deregulierung unternommenen Steuerreformen. Eine wichtige Dimension dieser Reformen, die selbst mit der zunehmenden Kapitalmobilität in einem globalisierten Kontext zusammenhängt, war die Einführung einer unterschiedlichen Besteuerung von Kapital- bzw. Zinserträgen und Arbeitseinkommen. Allmählich setzte sich ein duales System durch, bei dem Zinseinkünfte zu nicht progressiven, von Land zu Land annähernd gleichen Pauschalsätzen besteuert werden, die auf jeden Fall niedriger liegen als der marginale Spitzensteuersatz von Arbeitseinkommen. Auf diese Weise hat sich in Frankreich die Situation ergeben, dass der durchschnittliche Einkommensteuersatz im Segment der Spitzeneinkommen (das eine Prozent der Reichsten) sinkt, weil nämlich mit zunehmender Einkommenshöhe der Kapitalanteil steigt.[19] Aus dem gleichen Grund ist auch der Steuersatz für Unternehmensprofite in den meisten Industriestaaten zurückgegangen.

Am anderen Ende der Skala ist kein flächendeckender Rückgang der Umverteilung zugunsten niedriger Einkommen zu verzeichnen. Ein solcher Rückgang beschränkt sich auf einige wenige Länder. Der britische Wohlfahrtsstaat wurde durch die Politik der Thatcher-Regierung drastisch beschnitten, und die Wirtschaftskrise, die Schweden zu Beginn der 1990er Jahre durchmachte, hat das Land veranlasst, sein soziales Netz zu reformieren. In beiden Fällen haben diese Reformen zu einer Zunahme der Ungleichheit geführt, die zu den Auswirkungen einer minder progressiven Besteuerung hinzutrat. Ansonsten sind die Sozialausgaben fast nirgendwo zurückgegangen. Im Gegenteil, ihre Tendenz ist vielmehr steigend, und zwar aufgrund verschiedener Faktoren wie dem Altern der Bevölkerung oder der Verschlechterung der Beschäftigungssituation, die Unterstützungsmaßnahmen für Geringverdiener und Langzeitarbeitslose erforderlich machen. Faktisch hat der Anteil der Sozialausgaben am BIP in den meisten OECD-Ländern zugenommen.

---

[19] Vgl. Landais/Piketty/Saez, Pour une révolution fiscale.

Privatisierungen und Deregulierung

Abgesehen von seinem Einfluss auf das Steuersystem hat der seit den 1980er Jahren anhaltende Deregulierungstrend noch weitere Konsequenzen, die als Erklärung für den Anstieg der Ungleichheiten in Frage kommen. Es ist schwierig, ein abschließendes Urteil über die Privatisierungswelle zu fällen, die von Großbritannien aus über Europa hereinbrach, oder all die Maßnahmen, die auf eine Verschärfung der Konkurrenz in den Vereinigten Staaten und Europa abzielten. Beide haben zu Effizienzgewinnen geführt, was sich mitunter in gesunkenen Preisen niederschlug, die allen zugutekamen, aber sie waren auch von Arbeitsplatzverlusten begleitet, die dramatische Auswirkungen auf manche gesellschaftliche Gruppierungen oder Regionen hatten.

Zwei weitere Maßnahmenkomplexe bedürfen aufgrund ihrer Verteilungswirkung einer gründlicheren Untersuchung: die Deregulierung der Finanzmärkte und die Deregulierung des Arbeitsmarktes.

Die Deregulierung der Finanzmärkte

Der bemerkenswerte Boom des Finanzsektors in den letzten zwei bis drei Jahrzehnten ist das Resultat mehrerer Faktoren. Auf makroökonomischer Ebene hat die Eindämmung der Inflation zu Beginn der 1980er Jahre den Finanzmärkten insofern zu neuer Stärke verholfen, als dadurch ein wesentlicher Unsicherheitsfaktor bezüglich der tatsächlichen Kosten und Erträge des Kapitals entfiel. Dieser Inflationsabbau ging mit einer Deregulierung der Arbeitsweise von Finanzmärkten einher, die zum berühmten »Big Bang« in der Londoner City von 1986 führte, das heißt, der Wiedereinführung der Konkurrenz zwischen Börsenhändlern aller Art sowie der Computerisierung der Märkte. Der

Erfolg der Reformen, der sich am rasanten Aufschwung der City ablesen ließ, sowie die zunehmende internationale Öffnung der Finanzmärkte sollten bald Nachahmer in den Vereinigten Staaten und Kontinentaleuropa auf den Plan rufen, besonders in Frankreich, wo die Finanzmarktmechanismen noch durch ein strenges, auf wenige verstaatlichte Großbanken ausgerichtetes System sowie durch strikte Devisenkontrollen stark eingeschränkt waren.

Diese Entwicklung des Finanzsektors beeinflusste die ökonomische Ungleichheit in mehrerlei Hinsicht. Insofern sie zu einer Erhöhung der realen Kapitalrendite beitrug, verschärfte sie die aus der Vermögenskonzentration resultierende Einkommensungleichheit. Ferner ermöglichte sie die Erzielung von Spitzeneinkommen auf Seiten mancher Börsianer und Führungskader, gemäß den oben beschriebenen mikroökonomischen Mechanismen. Diese Überrepräsentierung des Finanzsektors bei den Spitzeneinkommen ist allgemein bekannt. In den Vereinigten Staaten werden 13 Prozent der Spitzeneinkommen im Finanzsektor erzielt, in Frankreich und England sind es 18 Prozent, obwohl dieser Bereich nur 5 Prozent aller Arbeitsplätze stellt.[20]

Auch der Gehaltsanstieg der Führungskräfte von Großunternehmen hängt ursächlich mit der Entwicklung des Finanzsektors zusammen. Aufgrund ihrer zunehmenden Finanzialisierung reagieren die Volkswirtschaften empfindlicher auf die Jahresergebnisse der Unternehmen. Die Bör-

---

[20] Vgl. Brown/Sibieta/Wren-Lewis, High Income Individuals: Racing Away? für das Vereinigte Königreich; Amar, »Les très hauts salaires du secteur privé« für Frankreich, und Bakija/Cole/Heim, »Jobs and Income Growth of Top Earners« für die Vereinigten Staaten.

sennotierungen als Wertmesser eines Unternehmens spielen eine viel größere Rolle als in der Vergangenheit. Daher sind die Summen, die die Aktionäre auszugeben bereit sind, um die Unternehmensleitungen zur Erzielung besserer Ergebnisse anzuhalten, mittels Aktienoptionen beispielsweise, tendenziell steigend. Das Problematische an dieser Entwicklung ist, dass sie auch zu einer Verkürzung des Zeithorizonts bei Investoren und Managern beiträgt, was sich langfristig in einer geringeren einzelbetrieblichen und gesamtwirtschaftlichen Rentabilität niederschlägt.

Die Deregulierung des Arbeitsmarktes

Ein bevorzugtes Ziel von Deregulierungspolitiken war der Arbeitsmarkt. Die OECD hat einen Index erstellt, wie streng die Beschäftigungsschutzmaßnahmen in den einzelnen Ländern sind. Dieser Index kombiniert mehrere Indikatoren, die angeben, wie stark das Arbeitsrecht verschiedene Beschäftigungsaspekte reguliert: Auflagen und Kosten bei Einzelkündigungen unbefristeter Arbeitsverträge, Kosten von Massenentlassungen, Regelung befristeter Arbeitsverhältnisse (Dauer, Anzahl der Verlängerungen) usw. Von 20 OECD-Staaten haben 14, darunter viele nordeuropäische, ihre gesetzlichen Bestimmungen in den letzten 20 Jahren gelockert. Die angelsächsischen Länder gehörten nicht dazu, weil die Auflagen bei ihnen von vornherein weniger streng waren als anderswo. Frankreich ist eines der wenigen Länder, in denen der Schutz des Arbeitsplatzes verstärkt statt abgebaut wurde (wenn auch nur geringfügig).

Paradoxerweise hat die Beschäftigungssicherung widersprüchliche Auswirkungen auf die Ungleichheit. Ein zu starker Arbeitsplatzschutz kann zu einem Ungleichheit fördernden Dualismus führen: einerseits ein geschützter

Sektor, der aufgrund geringer Arbeitsplatzrotation schwer zugänglich ist; andererseits ein auf Zeitarbeitsverträgen beruhender Sektor prekärer Beschäftigungsverhältnisse. Der Dualismus in Bezug auf den Arbeitsplatz geht mit einem Dualismus in Bezug auf die Löhne einher. Der geschützte Sektor ist nämlich in der Regel derjenige, in dem, zum Teil aufgrund der Absicherung, die Gehälter am höchsten sind. Es gilt also, einen institutionellen Kompromiss zu finden zwischen der durch geringe Arbeitsplatzsicherheit bedingten Ungleichheit, deren Auswirkungen möglicherweise durch eine effiziente Arbeitslosenversicherung begrenzt werden (wie beim System der »Flexicurity« nach dänischem Vorbild), und der durch einen dualen Arbeitsmarkt bedingten Lohnungleichheit, wobei dieser Dualismus aus einer zu starken Beschäftigungssicherung resultiert. Es ist nicht ausgemacht, dass die Länder, die durch Deregulierung ihres Arbeitsmarktes mehr zur ersten Option tendierten, aufgrund dessen eine größere Ungleichheit zu verzeichnen hatten.

Andere arbeitsmarktregulierende Institutionen haben einen direkteren Einfluss auf die Ungleichheit der Löhne. Sie betreffen zum einen Tarifverhandlungen und die Rolle der Gewerkschaften, zum anderen den Mindestlohn.

Es gibt mehrere Erklärungen für den sinkenden gewerkschaftlichen Organisierungsgrad, der seit 30 Jahren in praktisch allen führenden Volkswirtschaften zu beobachten ist, mit Ausnahme Belgiens und dem einen oder anderen nordeuropäischen Land. Die ablehnende Haltung einiger konservativer Regierungen, wie der von Reagan und Thatcher, gegenüber den Gewerkschaften reicht als Erklärung nicht aus. Die Ursachen für den Niedergang der Gewerkschaften reichen tiefer. Aus ökonomischer Sicht lassen sich drei anführen: die zunehmende Konkurrenz, der Strukturwandel der Wirtschaften und der Rückgang der Inflation.

Die durch Globalisierung und binnenstaatliche Deregulierung der Wirtschaft verschärfte Konkurrenz hat das organisatorische Modell eines vertraulichen Dialogs zwischen Gewerkschaften und Arbeitgebern zunehmend hinfällig gemacht. Die Konkurrenz hat den Handlungsspielraum der Arbeitgeber nach und nach immer kleiner werden lassen und die Verhandlungsmacht der Gewerkschaften im gleichen Maße geschwächt. Gleichzeitig ist durch die Deindustrialisierung das traditionelle Aktionsfeld der Gewerkschaften geschrumpft, was diese zu grundlegenden strukturellen Veränderungen veranlasste, besonders außerhalb des industriellen Sektors. Schließlich hat die rückläufige Inflation den Nutzen kollektiver Verhandlungen zur Lohnfestsetzung drastisch reduziert. In einer Welt mit geringer Inflation sind es nämlich individuelle Charakteristika, die bei der Aushandlung des Lohnes den Ausschlag geben.

Der staatlich fixierte Mindestlohn ist eine andere Art, die auf den Arbeitsmarkt einwirkenden Mechanismen zu neutralisieren und Ungleichheit, zumindest die der Löhne, zu begrenzen. Die meisten der wirtschaftlich führenden Staaten verfügen über eine entsprechende Gesetzgebung, selbst wenn einige von ihnen die Festlegung des Mindestlohns in den verschiedenen Branchen zu einer Sache von Tarifverhandlungen machen. Der Einfluss dieses Instruments auf die Ungleichheit der Löhne hängt allerdings davon ab, in welchem Maße es wirtschaftlichen Produktivitätsgewinnen folgt oder vorgreift. Diesbezüglich sind innerhalb der OECD gewisse Unterschiede festzustellen. In Ländern wie den Vereinigten Staaten, Belgien, Spanien oder Holland ist der

Mindestlohn im Vergleich zum Durchschnitts- oder zum Medianlohn seit 1980 relativ kontinuierlich gesunken. Hingegen hat er in Frankreich, Japan und Großbritannien (wo er erst 1999 eingeführt wurde) zugelegt.[21]

Wie bei der Beschäftigungssicherung sind auch die Auswirkungen der gewerkschaftlichen Organisierung und des Mindestlohns auf die Einkommensverteilung widersprüchlich, und zwar aufgrund des gleichen »Dualismus«, den sie in der Wirtschaft einzuführen drohen. Ein hoher gewerkschaftlicher Organisierungsgrad ermöglicht, das Lohnniveau im Verhältnis zur Kapitalrendite zu halten, aber nur in den Branchen und Unternehmen, in denen die Gewerkschaften aktiv sind. Wenn höhere Löhne unweigerlich zu Arbeitsplatzabbau führen, dann kann eine relative Angleichung der Einkommen in gewerkschaftlich organisierten Sektoren im Gegenzug mehr Arbeitslosigkeit und geringere Löhne in gewerkschaftsfreien Sektoren bedeuten. Das Gleiche gilt für den Mindestlohn. Ein höheres Grundniveau sorgt für eine Anhebung der niedrigsten Löhne und reduziert damit die Ungleichheit, läuft aber auch Gefahr, die Zahl der Arbeitslosen zu erhöhen. Die Bedeutung dieses Effekts gab Anlass zu kontroversen Diskussionen in der ökonomischen Fachliteratur. In der Tat scheint die Elastizität der Beschäftigung in Bezug auf den Mindestlohn ziemlich gering zu sein und sich häufig auf die jüngsten Arbeitnehmer zu beschränken. Sie hängt außerdem von anderen arbeitsmarktregulierenden Institutionen ab, besonders dem Ausmaß der Arbeitsplatzsicherung.[22]

---

21 Wir beziehen uns auf die OECD-Zahlen: http://stats.oecd.org/ Index.aspx?DataSetCode=RHMW.

22 Vgl. Neumark/Wascher, »Minimum Wages and Employment«.

Welche Auswirkungen hatte, abschließend betrachtet, die Entwicklung der Arbeitsmarktinstitutionen auf die Ungleichheit? Alles hängt von der Nettowirkung jeder der untersuchten Institutionen ab: Arbeitsplatzschutz, sinkende gewerkschaftliche Organisierung und Mindestlohn. Wie gesehen, waren diese Wirkungen a priori unbestimmt. Diese Uneindeutigkeit wird ergänzt um die Tatsache, dass die Verteilungsfolgen dieser institutionellen Veränderungen selbst von politischen Umverteilungsstrategien abhängen. Zum Beispiel wird die Auswirkung der Arbeitslosigkeit auf die Einkommensverteilung geringer sein, wenn es in einer Wirtschaft ein Arbeitslosengeld in angemessener Höhe gibt. Die Frage ist also eine im Wesentlichen empirische. Die verfügbaren statistischen Analysen legen nahe, dass zwei dieser Faktoren beim Anstieg der Ungleichheit eine Rolle spielten: die Abnahme des gewerkschaftlichen Organisierungsgrades und, in manchen Fällen, das Sinken des Mindestlohns im Verhältnis zum Medianlohn. Hingegen scheint die Lockerung des Arbeitsplatzschutzes keine Rolle für den Anstieg der Ungleichheit (wo er denn stattfand) gespielt zu haben.[23]

Schwellenländer und Strukturanpassung

Auch die Wirtschaften der Schwellenländer waren in den letzten Jahrzehnten von einschneidenden strukturellen Veränderungen betroffen. In Lateinamerika führte die aus der Schuldenkrise der frühen 1980er Jahre resultierende Strukturanpassungsperiode zu tiefgreifenden institutionellen Veränderungen, die häufig von außen, von Seiten der Kreditgeber, erzwungen wurden. Liberalisierung des Handels und

---

[23] Vgl. Checchi/Garcia-Penalosa, »Labour Market Institutions and Income Inequality«.

der Finanzen, Deregulierung der Märkte, Privatisierungen, Abschaffung von Konsumsubventionen, Kürzung von Sozialausgaben, Bekämpfung der Inflation – all das gehörte zu den im Rahmen des »Washingtoner Konsenses« empfohlenen Maßnahmen. Tatsächlich war zwischen den 1980er und den 1990er Jahren ein deutlicher Anstieg der Ungleichheiten in einigen der von diesen institutionellen Reformen am direktesten betroffenen Länder zu verzeichnen: Argentinien, Mexiko, Peru, Ecuador und sogar Brasilien, wo das Ungleichheitsniveau auch vorher schon sehr hoch war.

Dennoch ist dieser Anstieg der Ungleichheit nicht ausschließlich den Strukturanpassungsprogrammen oder einzelnen Reformen anzulasten. Lateinamerika befand sich in einer schwierigen wirtschaftlichen Lage, die auf jeden Fall eine radikale Kurskorrektur erforderlich machte. Wahrscheinlich hätte sich die Ungleichheit ohnehin verschärft, ganz gleich, welche Maßnahmen ergriffen worden wären. Im Übrigen hatte sie schon zuzunehmen begonnen, als sich die ersten Anzeichen der Krise bemerkbar machten und die Reichsten ihre Vermögen ins Ausland schafften, um von den Auswirkungen der Krise verschont zu bleiben.

Andererseits ist wenig zweifelhaft, dass einige dieser Strukturreformen, im Unterschied zu klassischen makroökonomischen Anpassungsmaßnahmen (Geldentwertung, Bekämpfung der Inflation, restriktive Haushaltspolitik) einen ungleichheitsfördernden Effekt hatten. So der Abbau von Subventionen für die Vorprodukte (Dünger, Saatgut usw.) der kleinbäuerlichen Landwirtschaft in manchen Ländern, die Aufgabe der Preisstützungspolitik für landwirtschaftliche Erzeugnisse bzw. der Preisanstieg mancher Dienstleistungen im Zuge ihrer Privatisierung. Die Umwandlung von öffentlichen in schlecht kontrollierte private Monopole ermöglichte die Anhäufung kolossaler Vermögen. Das beste Beispiel ist Carlos Slim, der die mexikanische Telekommunikationsbranche in seinen Besitz bringen konnte, als diese privatisiert wurde, und heute der reichste Mann der Welt ist.

Selbstverständlich waren diese Maßnahmen unter dem Gesichtspunkt wirtschaftlicher Effizienz nicht alle schlecht. Manche von ihnen waren sogar äußerst berechtigt. Das Problematische ist vielmehr, dass sie überstürzt umgesetzt wurden, ohne das Gebot der Angemessenheit zu befolgen geschweige denn die Notwendigkeit, die Ärmsten der Armen zu schützen. Außerdem wurden die Verteilungseffekte häufig falsch eingeschätzt: In Zeiten einer tiefen Krise war in der Tat schwer auseinanderzuhalten, was von der Krise selbst und was von den Maßnahmen zu ihrer Eindämmung herrührte.

Ein ähnlicher Befund ergibt sich aus der Analyse anderer Entwicklungsländer in Asien oder Afrika, die solchen Strukturanpassungsprogrammen unterworfen wurden. In Asien hat sich die Ungleichheit wenig verändert. Sie ist in Ländern wie Indonesien oder Pakistan sogar zurückgegangen, während sie auf den Philippinen leicht zugenommen hat. Hingegen ermöglichte die Strukturanpassung in Asien, im Unterschied zu Lateinamerika, eine schnellere Rückkehr zum vorherigen Wachstum. In den weniger entwickelten und zu weiten Teilen noch nicht marktwirtschaftlich strukturierten Ländern Afrikas hatten die von den Entwicklungsagenturen für ihre Hilfe eingeforderten Reformen geringere Auswirkungen auf die Ungleichheit. Das bedeutet nicht, dass Afrika unter den Liberalisierungsauflagen der Kreditgeber wenig gelitten hätte und diese Maßnahmen die Einkommensverteilung unberührt ließen. Das Problem ist nur, dass die Verteilungsentwicklung in diesem Teil der Welt kaum beobachtet wird.

Anders gelagert war der Fall der großen asiatischen Volkswirtschaften, obwohl auch sie institutionelle Veränderungen von großer Tragweite durchliefen. Für sie war der Wandel gleichbedeutend mit dem Übergang von einer zentralen Planwirtschaft zu einer Marktwirtschaft und beschränkte sich nicht auf die Korrektur einiger marktwirtschaftlicher Mechanismen. In China wie in Vietnam musste die Freisetzung der unternehmerischen Eigeninitiative eine Ungleichheit nach sich ziehen, die vorher nicht oder kaum vorhanden war. In geringerem Maße gilt diese Feststellung auch für Indien. Infolgedessen ist schwer zu beurteilen, ob die Ungleichheit, die sich im Zuge der Öffnung und der großen Reformen herausgebildet hat, weit über das hinausgeht, was der Freisetzung der Marktkräfte *stricto sensu* entspräche.

Globalisierung, Deregulierung, Ungleichheiten

Vor beinahe 60 Jahren leitete der amerikanische Ökonom Simon Kuznets aus der von ihm untersuchten Entwicklung der Einkommensungleichheit in verschiedenen Industriestaaten eine These ab, die seinerzeit großen Erfolg hatte. Sie besagte, dass der wirtschaftliche Entwicklungsprozess in einer ersten Phase die Ungleichheit erhöhe, indem er dafür sorge, dass ein Teil der Bevölkerung aus traditionellen Beschäftigungsbereichen in produktivere, aber auch heterogener zusammmengesetzte Sektoren abwandert. In einer zweiten Phase kehre sich diese Tendenz um, wenn der traditionelle Sektor nur noch den kleineren Teil der Wirtschaft ausmache. Mit anderen Worten, die Ungleichheitskurve würde im Verlauf des Entwicklungsprozesses die Form eines umgedrehten U annehmen.

Die jüngste Entwicklung binnenstaatlicher Ungleichheit widerlegt Kuznets' These. Die Ungleichheitskurve der entwickelten Länder beschrieb tatsächlich bis Mitte der 1970er Jahre ein umgekehrtes U. Seither haben mehrere von ihnen das umgedrehte U mit einem aufsteigenden Häkchen versehen, da die Ungleichheit wieder zunimmt. Für die Schwellenländer verfügt man über keine ausreichend langen Datenreihen, um Kuznets' These zu bestätigen oder zu widerlegen. Doch welche Ökonomie man auch betrachtet, der Fall scheint eindeutig zu sein: Die Ungleichheit der Lebensstandards wird von keinem ehernen Gesetz regiert, das sie auf ein bestimmtes ökonomisches Entwicklungsstadium begrenzt.

Die vorangegangene Diskussion über die Veränderlichkeit ökonomischer Ungleichheiten innerhalb eines Landes offenbart eine komplexe Entwicklung, die ebenso aus mehr oder minder exogenen Wirtschaftsphänomenen (internationaler Kontext oder technischer Fortschritt) wie aus der Wirtschaftspolitik oder den spezifischen institutionellen Reformen des jeweiligen Landes resultiert. De facto ist der Anstieg der Ungleichheiten aus mehreren Faktoren zu erklären: der Ertragssteigerung des Produktiv-, Finanz- und Humankapitals (das heißt, der Qualifikation der Arbeitskräfte), dem Strukturwandel der Volkswirtschaften, dem technischen Fortschritt, der makroökonomischen Politik, dem Steuersystem, der Deregulierung der Märkte, einschließlich der Finanzmärkte und des Arbeitsmarktes. In manchen Ländern haben sich diese Effekte zu einem starken Anstieg der Lohn- und Einkommensungleichheiten summiert. In anderen wurde die Ungleichheitsdynamik mit wirtschaftspolitischen Maßnahmen teilweise oder sogar vollständig blockiert.

Daraus resultiert eine große Heterogenität nationaler Erfahrungen, mit einer Mehrheit entwickelter Länder, die einen starken Anstieg zu verzeichnen hatten, während dieser Anstieg in anderen eher gemäßigt ausfiel oder gar nicht vorhanden war. Dieselbe Heterogenität ist auch in Schwellenländern zu beobachten, die den gleichen Kräften unterliegen.

Die Analyse dieser unterschiedlichen Entwicklungen legt allerdings einige allgemeine Feststellungen nahe. Zunächst gilt es, die herausragende Rolle der Globalisierung bei der Entwicklung nationaler Ungleichheiten hervorzuheben. Die Globalisierung des Handels bildet allenthalben den Hintergrund. Sie hat den internationalen Kontext für alle Volkswirtschaften verändert; durch Verschärfung der Konkurrenz hat sie den technischen Wandel und seine Folgen beschleunigt; sie hat in vielen Ländern die Liberalisierung des Finanzsektors in Gang gebracht und die Kapitalmobilität erhöht; sie liegt auch dem allgemeinen Deregulierungstrend zugrunde, mit einschneidenden Folgen für die Einkommensverteilung.

Des Weiteren ist auf die wirtschaftlichen und gesellschaftlichen Gefahren zu verweisen, die ein zu starker Anstieg der Ungleichheiten, monetärer wie nicht monetärer Art, beinhaltet, wie Arbeitslosigkeit oder sozialer Ausschluss. Diese Dimensionen sind schwer zu erfassen, und wie gesehen hat die Öffentlichkeit von den rein monetären Ungleichheiten bereits eine ziemlich unklare Vorstellung. Das gilt umso mehr für die Gründe sich verändernder Ungleichheit. Diese Wahrnehmung zunehmender Ungleichheit und ihrer Gründe kann wiederum Rückwirkungen auf die Wirtschaftspolitik haben. Ein Gefühl exzessiver Ungleichheit, die falschen Ursachen zugeschrieben wird, kann zu unangebrachten Reformen führen. Zum Beispiel kann das Gefühl, dass die Ungleichheit aufgrund der Globalisierung steige, protektionistische Reformen zur Folge haben, die der volkswirtschaftlichen Entwicklung möglicherweise schaden.

Zu guter Letzt ist der Einfluss wirtschaftspolitischer Maßnahmen auf die Verteilung zu nennen. Manche Maßnahmen werden im Namen der Effizienz, andere im Namen der Gerechtigkeit durchgeführt. Die Deregulierung der Märkte bezieht sich auf Ersteres, die Reform der Steuern und der Sozialpolitik auf Letzteres. Normalerweise sind in jeder wirtschaftlichen Maßnahme beide Dimensionen enthalten, wobei jeweils die eine oder die andere überwiegen kann. Wir haben in diesem Kapitel aufgezeigt, wie die wesentlichen Reformen, die in den letzten drei Jahrzehnten auf der Welt vorgenommen wurden, zum Anstieg der Ungleichheiten beigetragen haben. Gleichwohl gibt es wirtschafts- und sozialpolitische Instrumente, die in der Lage sind, die Ungleichheiten zu verringern, ohne deshalb die Wettbewerbsfähigkeit der Volkswirtschaften zu beeinträchtigen.

III Für eine gerechte Globalisierung

Die Globalisierung hat bei der Entwicklung der Ungleichheit eine erhebliche Rolle gespielt. Im zwischenstaatlichen Bereich hat sie deren Verringerung bewirkt und mehrere hundert Millionen Menschen über die Armutsschwelle gehoben. Im binnenstaatlichen Bereich hat sie jedoch direkt oder indirekt zu einem Anstieg der Ungleichheit beigetragen. Direkt durch relativ sinkende Löhne für gering qualifizierte Arbeit, die in unmittelbarer Konkurrenz zum billigen Arbeitskräfteangebot der Schwellenländer steht, und durch Erhöhung der Profite und Erträge für Kapital und hoch qualifizierte Arbeit. Indirekt durch die tiefgreifenden strukturellen Veränderungen, die durch eine immer schärfere zwischen- und binnenstaatliche Konkurrenz veranlasst wurden (Deindustrialisierung der Industriestaaten, Liberalisierung und ökonomische Deregulierung seit Beginn der 1980er Jahre).

Natürlich kommen noch weitere Phänomene als Erklärung dieser internen Ungleichheitsentwicklung ins Spiel, ob es sich um den technischen Fortschritt, die Finanzialisierung der Volkswirtschaften oder eine ideologische Hinwendung zum Wirtschaftsliberalismus handelt. Doch sind diese Faktoren selbst nicht völlig unabhängig von der Globalisierung.

Auch wenn der Zusammenhang zwischen Globalisierung und Ungleichheit eindeutig erwiesen ist, darf man auf keinen Fall in Resignation versinken, was nur allzu oft geschieht, wenn es um Dinge geht, die den individuellen oder selbst nationalstaatlichen Horizont weit überschreiten. Wenn man der Meinung ist, ein zu hohes binnenstaatliches Ungleichheitsniveau sei weder moralisch noch gesellschaftlich vertretbar, muss man Maßnahmen ergreifen, die geeignet sind, diese Ungleichheiten zu korrigieren oder zu verhindern, während man den wirtschaftlichen Kräften, die zu einer Reduktion der zwischenstaatlichen Ungleichheiten beitragen, freien Lauf lässt.

In diesem Kapital wird versucht, drei Fragenkomplexe zu beantworten. Der erste betrifft die mittel- und langfristige Entwicklung. Werden die Tendenzen, die wir als Förderer globaler Ungleichheit ausgemacht haben, in den kommenden Jahren fortwirken oder werden sie sich abschwächen? Der zweite Fragenkomplex zielt darauf ab, ob man die Dinge »laufen lassen« soll? Die zwischenstaatliche Ungleichheit hat sich verringert, und das ist gut so. Andererseits hat sich die Ungleichheit innerhalb vielen Ökonomien erhöht und nimmt Besorgnis erregende Ausmaße an. Wäre interne Ungleichheit also der Preis dafür, dass die Volkswirtschaften in einer globalisierten Welt effizient funktionieren?

Der dritte Fragenkomplex ist der wichtigste und schwierigste. Er betrifft die politischen Maßnahmen, die zu ergreifen wären, um die binnenstaatliche Ungleichheit zu reduzieren, ohne den tendenziellen Rückgang der zwischenstaatlichen Ungleichheit zu stoppen. Auf globaler Ebene sind die ärmsten Länder das Kernproblem. Wie beschleunigen wir ihre Teilhabe am globalen Wachstum und verhindern, dass sich ihr Rückstand gegenüber den Schwellenländern weiter vergrößert? Und ist es auf nationaler Ebene möglich, die Ungleichheiten allein auf dem Weg der Umverteilung, das heißt durch Besteuerung und Sozialausgaben, zu korrigieren? Soll man bestimmte Märkte (zum Beispiel den Arbeitsmarkt) regulieren, um sie an der Erzeugung allzu großer Ungleichheiten zu hindern, oder schon davor ansetzen und für eine ausgeglichenere Verteilung finanzieller, menschlicher und sozialer Ressourcen sorgen als jene, die aus den Mechanismen des Marktes und der sozialen Reproduktion resultiert?

Die Zukunft zwischenstaatlicher Ungleichheiten

Wirtschaftliche Prognosen sind immer heikel, zumal in einer ökonomischen Krisensituation von einem Ausmaß, wie sie die Welt seit langer Zeit nicht mehr erlebt hat. Es ist dennoch sehr wahrscheinlich, dass die führenden Nationen in einem geringeren Tempo wachsen werden als die großen Volkswirtschaften der Schwellenländer Asiens und Lateinamerikas. Zumindest war es in den letzten drei Jahrzehnten so. An der technologischen Grenze ihrer Produktionskapazitäten angelangt, sind die entwickelten Länder insgesamt mit einer Geschwindigkeit gewachsen, die von der Verschiebung dieser Grenze nach Maßgabe des technischen Fortschritts vorgegeben wurde, also mit 2 bis 3 Prozent pro Jahr. In den Schwellenländern, die noch weit von dieser Grenze entfernt sind, wird das Wachstum hingegen nicht durch technologische Zwänge begrenzt, und sie verfügen immer noch über einen beträchtlichen Spielraum zur Nachahmung der entwickelten Ökonomien. Das Wachstum dieser Länder hängt also vorrangig von ihrer Fähigkeit zur Mobilisierung materieller, menschlicher und organisatorischer Ressourcen sowie zur Anpassung der importierten Produktionsweisen und Verfahrenstechniken an ihr eigenes Umfeld ab.[24]

---

[24] Dieser Unterschied zwischen Wachstumsfaktoren von Ländern, die an die technologische »Grenze« gestoßen sind, und solchen, die dieses Potenzial noch nicht ausgeschöpft haben,

Das Produktivitätsgefälle zwischen Industrie- und Schwellenländern ist nach wie vor so groß, dass sich dieser Aufholprozess auf absehbare Zukunft fortsetzen wird. Unter Berücksichtigung einer sich langfristig abschwächenden Wachstumsdynamik wird es 30 Jahre dauern, bis das chinesische Pro-Kopf-Einkommen den heutigen Lebensstandard der ärmsten OECD-Staaten erreicht. Zudem könnten unvorhersehbare Zwischenfälle diese Frist verlängern, und es ist vorstellbar, dass es nie zu einer vollständigen Angleichung kommt. Unwahrscheinlich ist hingegen, dass die Annäherung zwischen Industrie- und Schwellenländern mittelfristig ein Ende findet.

Für diese Annahme gibt es zwei zusätzliche Gründe. Der erste gilt für mittlere, der zweite für lange Sicht. Die Krise, die die führenden Volkswirtschaften derzeit durchmachen, wird sich nicht so schnell überwinden lassen. Selbst wenn eine neuerliche Finanzkrise und eine Rezession abgewendet werden können, was keinesfalls sicher ist, steht das Wachstum weiter unter dem Vorbehalt des Schuldenabbaus und, wichtiger noch, des durch eine schleichende Deindustrialisierung bedingten Strukturwandels. Umgekehrt werden die Schwellenländer von einem gebremsten Wachstum der reichen Länder zwar teilweise in Mitleidenschaft gezogen, die meisten verfügen jedoch über große Binnenmärkte, die autonome Wachstumsperspektiven in beträchtlichem Umfang eröffnen. Außerdem kann der rasche Ausbau des Süd-Süd-Handels bei entsprechenden Anpassungen die Nachfrage aus den Industrienationen ersetzen. Somit wird sich die Annäherung zwischen Industrie- und Schwellenländern bei an-

---

wird analysiert von Acemoglu/Aghion/Zilibotti, »Distance to Frontier, Selection and Economic Growth«.

haltender Krise wahrscheinlich eher beschleunigen als verlangsamen.

Längerfristig wird sich die Weltgemeinschaft hoffentlich dazu entschließen können, ernsthafte Maßnahmen gegen die globale Erwärmung zu ergreifen. Wenn es so weit ist, werden die Weltmächte vermutlich darin übereinkommen, die fälligen Kosten mehr den reichen als den Entwicklungsländern aufzubürden, ohne zwangsläufig das Wachstumsgefälle zwischen ihnen und folglich das Aufholpotenzial der Schwellenländer zu vermindern.

Unter dem Gesichtspunkt globaler Lebensstandardverteilung ist auf eine bedeutsame Folge dieses Aufholprozesses hinzuweisen. Ab einem bestimmten Stadium wird die schnellere Entwicklung der Schwellenländer im Vergleich zu den Industrienationen und dem Weltdurchschnitt die Ungleichheit tendenziell eher erhöhen als verringern. Der Fall Chinas ist der offensichtlichste. Beim derzeitigen Wachstumstempo wird es nur 15 Jahre dauern, bis der durchschnittliche Lebensstandard der Chinesen den Weltdurchschnitt übertrifft. Ab diesem Punkt wird jedes weitere Wachstum Chinas im Vergleich zum Rest der Welt die globale Ungleichheit potenziell erhöhen. De facto wird es dazu beitragen, die Reichen der Welt, das heißt diejenigen, deren Lebensstandard über dem Weltdurchschnitt liegt, im Verhältnis reicher zu machen.

Schwarzafrika über die »Schwelle« helfen

Auf mittlere und lange Sicht erscheinen die wirtschaftlichen Perspektiven der armen Länder unsicherer als die der Schwellenländer. Zwar hat sich das Wachstum Schwarzafrikas in den letzten Jahren beschleunigt. Doch sind die Gründe für diese Beschleunigung unklar und können sich von Land zu Land unterscheiden. In einigen Fällen spiegelt sie eine Verbesserung politischer und ökonomischer Lenkungsstrukturen wider, vor allem eines strafferen gesamtwirtschaftlichen Managements. In anderen Fällen verdankt sie sich vorrangig einer Verbesserung der Terms of Trade, den gestiegenen Rohstoffpreisen und, in vielen Ländern, dem einsetzenden Abbau jüngst entdeckter Vorkommen. Auch wenn man sich vor Verallgemeinerungen hüten sollte, sprechen mehrere Gründe dafür, dass eher Letzteres zutrifft.

Wenn diese Analyse stimmt, wird es darauf ankommen, ob die Rohstoffpreise sich in den kommenden Jahren auf dem relativ hohen Niveau von heute behaupten können oder wieder sinken werden. Der springende Punkt ist jedoch, dass es, im Unterschied zu den Schwellenländern, keineswegs sicher ist, ob sich die armen Länder in einem Aufholprozess gegenüber den höchst entwickelten Nationen befinden. Sie profitierten vor der Krise von 2008 von einer extrem günstigen Weltkonjunktur, von der man nicht sicher sagen kann, ob sie anhalten wird. Letztlich wird die Wachstumsleistung dieser Länder darüber entscheiden, ob sich der historische Rückgang der globalen Ungleichheit im zwischenstaatlichen Bereich fortsetzt oder nicht. Da es sich zugleich um die ärmsten Länder des Planeten und diejenigen mit dem schnellsten Bevölkerungswachstum handelt, hängt von ihrer Wachstumsleistung auch die Entwicklung der Armut ab.

Wir haben oben erwähnt, dass mehrere arme Staaten Schwarzafrikas in der Periode von 1989 bis 2006 vom Rest der Welt »abgehängt« wurden. In den meisten Fällen waren politische Probleme für diese Abkoppelung verantwortlich. In der Zeit davor, das heißt, in den 1980er Jahren, befand sich die gesamte Region im Rückstand gegenüber dem Rest der Welt, sowohl aus Gründen politischer Instabilität als auch aufgrund einer rückläufigen Weltkonjunktur. Die Wiederholung einer solchen Situation zu verhindern, ist unumgänglich, will man die Verringerung der globalen Ungleichheit der Lebensstandards beibehalten. Es geht fortan um nicht mehr und nicht weniger, als den armen Ländern Schwarzafrikas und Zentralasiens über die »Schwelle« zu helfen.

Die binnenstaatliche Ungleichheit

Noch viel heikler ist die Kunst der Vorhersage im Falle binnenstaatlicher Ungleichheit. Und zwar zunächst aufgrund der bedeutenden Rolle politischer Strategien und institutioneller Reformen bei der Korrektur von Ungleichheiten. Sie können den Einfluss der Marktkräfte neutralisieren bzw. umkehren oder im Gegenteil ihre Auswirkungen verstärken. Des Weiteren aufgrund der Verschiedenartigkeit der Länder. Man kann gleichwohl versuchen, aus aktuellen Abläufen bestimmte Tendenzen zu extrapolieren, die mit einem plausiblen weltwirtschaftlichen Entwicklungsszenario vereinbar sind.

Birgt die Verlangsamung des globalen Wachstums, die angesichts der haushaltspolitischen Anpassungsmaßnahmen vieler der entwickelten Wirtschaften zu erwarten ist, die Gefahr, dass sich das Tempo der Globalisierung und ihrer volkswirtschaftlichen Verteilungseffekte verringert? Das ist nicht sicher. Zwar besteht die Globalisierung in einer Zunahme des Außenhandels aller Nationen, sodass die Importrückgänge der einen das Exportwachstum der anderen hemmen müssen. Das Entscheidende am Globalisierungsprozess ist jedoch die grundlegende Umstrukturierung des globalen Produktionsapparats, insbesondere die verstärkte internationale Fragmentierung der »Wertschöpfungskette«, das heißt der Folge von Arbeitsschritten, die zu einem Endprodukt führen. Diese Fragmentierung wiederum resultiert aus der entscheidenden Rolle der Entwicklungsstrategien von Unternehmen, die immer multinationaler operieren und ihre Produktionsvorgänge mittlerweile auf globaler Ebene planen.

Es ist nicht sicher, dass der globale Nachfragerückgang, bedingt durch die Zwänge, denen die führenden Volkswirtschaften unterworfen sind, oder die verstärkte Binnenmarktorientierung mancher Schwellenländer spürbare Auswirkungen auf diesen Strukturwandel hat. Die Unabhängigkeit der Profite großer Konzerne von der Konjunktur ihres Herkunftslandes beweist das zur Genüge. Die Ergebnisse von DAX- oder Dow-Jones-Unternehmen werden mehr von der Weltkonjunktur (und selbst der der Schwellenländer) bestimmt als von den jeweiligen Binnenkonjunkturen. Die Krise könnte diese Tendenz noch beschleunigen, für den wahrscheinlichen Fall, dass diese Unternehmen die teilweise sinkende Nachfrage durch schnellere Produktivitätsgewinne über eine verstärkte Globalisierung ihrer Aktivitäten und eine Beschleunigung des technischen Fortschritts zu kompensieren versuchen.

Wenn nichts geschieht, was die Weltwirtschaft auf den Kopf stellt, so dürften die Kräfte der Globalisierung und der technologischen Innovation, die in den letzten drei Jahrzehnten die Einkommensverteilung nachhaltig beeinflusst haben, auch weiterhin akut bleiben, wenngleich mit nicht absehbarer Intensität. Was die Einkommensverteilung in den entwickelten Wirtschaften betrifft, so dürfte der Druck zugunsten des Kapitals und der Spitzenqualifikationen und zu Lasten mittlerer und geringer Qualifikationen anhalten. Die Ungleichheit fördernden Kräfte bleiben also bestehen, während der Umstrukturierungsprozess ganzer Branchen für permanente Unsicherheit auf dem Arbeitsmarkt sorgen dürfte. Düstere Aussichten.

In den Schwellenländern sollten ein anhaltend schnelles Wachstum und möglicherweise eine stärkere Binnenmarktfokussierung einer Integration der ländlichen Massen in den modernen Wirtschaftssektor förderlich sein und zu einer Verringerung der Armut bzw. einer gewissen Einkommensangleichung nach der Logik des Kuznets-Modells beitragen. Allerdings dürfte sich dieselbe Ungleichheitsdynamik zugunsten des Kapitals und der Spitzenqualifikationen geltend machen. Wenn man schließlich von politischen Eingriffen absieht, die geeignet wären, Ungleichheiten zu korrigieren, kann man davon ausgehen, dass sich der allmähliche internationale Angleichungsprozess bei der Vergütung von Produktionsfaktoren, der vermutlich seit zwei bis drei Jahrzehnten im Gang ist, weiterhin auf die Verteilung der Lebensstandards in den meisten Volkswirtschaften auswirken wird.

Anders könnte der Fall der armen, besonders schwarzafrikanischen Länder liegen. Dabei wäre zwischen Ländern zu unterscheiden, deren aktuelles Wachstum vor allem auf der Ausbeutung von Bodenschätzen und weltweit hohen Rohstoffpreisen beruht, und solchen, die durch Reformen dem wirtschaftlichen »Take-off« näher gerückt sind. Bei Ersteren besteht die große Gefahr, dass die aus natürlichen

Ressourcen (Öl, Erze, landwirtschaftliche Produkte) resultierende Rente von einem kleinen Teil der Gesellschaft angeeignet wird und dem Rest der Bevölkerung kaum zugutekommt. Das ist heute bereits bei vielen Ländern der Fall. Es ist somit vorstellbar, dass ein schnelles Wachstum des BIPs mit einem raschen Anstieg der realen Ungleichheiten und einem nur langsamen Rückgang der Armut, wenn nicht sogar ihrer Zunahme aufgrund des demografischen Drucks, einhergeht.

Anders wird die Zukunft solcher Länder aussehen, in denen Reformen, besonders im Bereich des Regierungshandelns, für einen transparenteren Ressourcenumgang gesorgt haben. Doch selbst bei diesen Ländern darf man bezweifeln, dass ein Wachstumsmodell nach dem Vorbild der Emirate, das ausschließlich auf der Rohstoffrente und der daraus resultierenden Reaktion auf die Nachfrage nach nicht handelbaren Gütern beruht, langfristig funktioniert, angesichts ihrer Größe und ihres Bevölkerungswachstums. Ist es vorstellbar, dass Nigeria (150 Millionen Einwohner heute und 280 Millionen bis 2050) oder die Demokratische Republik Kongo (70 Millionen heute, mehr als 180 Millionen bis 2050) dem rentenbasierten Entwicklungsmodell Dubais oder Abu Dhabis folgen (1,5 bis 2 Millionen Einwohner, bei 500000 Einheimischen und der dreifachen Zahl von Zuwanderern)? Kommen diese großen afrikanischen Staaten um eine Entwicklung herum, die früher oder später zur Industrialisierung oder zu landwirtschaftlichen Produktivitätsgewinnen führt, wie es bei ressourcenreichen Schwellenländern (Brasilien, Indonesien, Malaysia) der Fall war?

Alles in allem wird die globale Ungleichheit in Zukunft voraussichtlich von zwei großen Faktoren beeinflusst werden: dem Wachstumspotenzial der Schwellenländer und dem Globalisierungsprozess. Ersterer dürfte für eine Fortsetzung des Aufholprozesses der Schwellenländer gegenüber den reichen Nationen sorgen, unabhängig vom Globalisierungsprozess an sich und der gegenwärtigen Konjunktur (insofern die Schwellenländer sich auf ihre Binnenmärkte und den Süd-Süd-Handel stützen können). Unter dem Gesichtspunkt zwischenstaatlicher Ungleichheit besteht Ungewissheit eher hinsichtlich der ärmsten, hauptsächlich Rohstoff exportierenden Länder. In Bezug auf die binnenstaatlichen Ungleichheiten bleibt der Globalisierungsprozess der dominierende Faktor. Sollte er sich fortsetzen und vertiefen, wird er einen weiteren Anstieg der Ungleichheiten bewirken, in den Industriestaaten wie in manchen Entwicklungsländern. In Letzteren könnte die Ungleichheitsdynamik durch die ausgleichende Wirkung der wirtschaftlichen Entwicklung selbst abgebremst werden. Es könnte aber auch sein, dass sie sich in den armen Ländern verstärkt, deren Entwicklung vornehmlich auf dem Export von Bodenschätzen beruht.

Selbstverständlich werden die volkswirtschaftlichen Folgen größerer Veränderungen (Reduktion von Treibhausgasemissionen, Auseinanderbrechen der Eurozone, Krieg im Mittleren Osten, Schwierigkeiten des demokratischen Übergangs in China usw.) hier außer Acht gelassen. Ebenso wenig beziehen wir nationale Umverteilungspolitiken, die auf die Eindämmung, wenn nicht Reduzierung von Ungleichheiten innerhalb eines Landes abzielen, in unsere Überlegungen ein. Doch reichen solche Instrumente überhaupt aus und laufen sie nicht vielmehr Gefahr, das Wachstumspotenzial der Länder zu verringern? Die hier vorgenommene Trendanalyse geht implizit von der Annahme aus, dass man die Dinge »laufen lässt«, wie von manchen gefordert wird, mit der Begründung, dass die Korrektur von Ungleichheiten unweigerlich zu einem Verlust an wirtschaftlicher Effizienz führen würde. Doch hat man das Recht, oder überhaupt nur die ökonomische Berechtigung, eine solche Haltung einzunehmen?

Muss man wählen zwischen Gleichheit und wirtschaftlicher Effizienz?

Die Frage nach der Beziehung zwischen Ungleichheiten und wirtschaftlicher Effizienz hat eine lange Geschichte in der Wirtschaftswissenschaft. Sie ist auch Quelle heftiger Auseinandersetzungen, die bisweilen doktrinäre Züge annehmen. Es ist wichtig zu verstehen, worum es bei dieser Debatte geht, um sich mit der nötigen Sachkenntnis über die zu ergreifenden politischen Maßnahmen äußern zu können.

Eingeführt von dem italienischen Ökonomen und Soziologen Vilfredo Pareto zu Beginn des 20. Jahrhunderts, hat der Begriff der »Effizienz« in der Ökonomie eine ganz einfache Bedeutung. Effizient ist eine Situation, in der es nicht möglich ist, den Wohlstand einer Person zu erhöhen, ohne den einer anderen zu vermindern. Eine wesentliche Anwendung dieses Konzepts auf die Wirtschaftstheorie besagt, dass das Gleichgewicht von Märkten, auf denen vollkommene Konkurrenz herrscht, im Sinne Paretos »effizient« ist. Doch kann dieses Gleichgewicht selbst Ausdruck mehr oder minder großer Ungleichheit sein, je nachdem, über welche Produktionsmittel (Qualifikation, Vermögen, Talent) die Wirtschaftsakteure verfügen. Daraus ergibt sich die Aufgabe, diese Ungleichheit durch Umverteilung der

Einkommen zu korrigieren und zu messen, welche Auswirkung diese Korrektur auf die wirtschaftliche Effizienz hat.

Eine zentrale These der Wirtschaftstheorie lautet, dass die Umverteilung der Einkommen, insofern sie nicht »pauschal« erfolgen könne, da Steuern und Transfers von der Wirtschaftstätigkeit abhängen, die Wirtschaft ineffizient mache. Deshalb komme man nicht umhin, sich zwischen Gleichheit und Effizienz zu entscheiden. Mit anderen Worten, wolle man den Kuchen gerecht verteilen, werde er kleiner. Der Grund sei der, dass die nicht pauschale Umverteilung das Verhalten der Akteure und die Funktionsweise der Märkte verfälsche. Das Einkommen zu besteuern, das jemand aus seiner Erwerbstätigkeit ziehe, vermindere den Anreiz, zu arbeiten, sich unternehmerisch zu betätigen oder zu investieren. Den Erlös aus dieser Steuer auf den Rest der Bevölkerung zu verteilen, könne die gleichen Folgen haben. Daraus resultiere ein Rückgang der gesamtwirtschaftlich verfügbaren Güter- und Dienstleistungsmenge und folglich ein Rückgang an Effizienz.

Angesichts seines Kalibers ist es nicht verwunderlich, dass dieses Argument in den Debatten über Ungleichheit und die Methoden ihrer Beseitigung häufig vorgebracht wird. Doch außerhalb eines sehr eng gefassten theoretischen Rahmens erscheint der Gedanke, dass sich Effizienz und Ungleichheit umgekehrt proportional verhalten, als ziemlich fragwürdig: jeder Staat muss Steuern erheben, es gibt keine Pauschalsteuer, nicht auf allen Märkten herrscht Konkurrenz usw. Unter diesen Bedingungen sollte man sich lieber die einfache Frage stellen, ob es zu einer (wegen der Unvollkommenheit der Märkte zumeist ineffizienten) Anfangssituation nicht eine andere, durch staatliches Eingreifen realisierbare Situation gibt, die gleichzeitig die Lage aller verbessern und die Gleichheit fördern würde.

Zweifellos gibt es Reformen, die auf eine Umverteilung der Ressourcen zugunsten der am meisten benachteiligten Gruppen abzielen und dabei das Gesamteinkommen der Bevölkerung vermindern. Zum Beispiel einen Grenzsteuersatz von 90 Prozent auf alle Einkommen zu erheben, die einen bestimmten Wert überschreiten, hätte letztlich eine negative Wirkung auf die Wirtschaft, wenn dieser Satz tatsächlich zu zahlen wäre. In ähnlicher Weise würde ein hohes Grundeinkommen, das jeder Bürger ohne Gegenleistung erhielte, unweigerlich das gesamtwirtschaftliche Arbeitskräfteangebot verringern. Zum Glück gibt es politische Reformen, die gleichzeitig eine Umverteilung des Reichtums und eine Verbesserung der wirtschaftlichen Effizienz ermöglichen, zumal Ungleichheit selbst nachteilige Folgen für die Effizienz der Wirtschaft haben kann.

Die verhängnisvollen Auswirkungen der Ungleichheit

In den letzten zwei Jahrzehnten haben Ökonomen, Theoretiker wie Empiriker, beträchtliche Anstrengungen unternommen, um das Verhältnis zwischen Gerechtigkeit und Effizienz besser zu verstehen und aufzuzeigen, dass komplementäre Beziehungen zwischen ihnen bestehen, wo häufig nur ein Entweder-oder gesehen wird. Es gibt mehrere Arten des Nachweises, dass zu große Ungleichheiten ab einen bestimmten Punkt die wirtschaftliche Funktionsfähigkeit beeinträchtigen. Wir werden hier drei Argumentationen anführen, wovon die ersten beiden auf den Unvollkommenheiten des Marktes basieren und die dritte auf bestimmten externen Auswirkungen der Ungleichheit.

Erstes Argument: Man kann davon ausgehen, dass die 2008 in den Vereinigten Staaten ausgebrochene Finanz- und Wirtschaftskrise zumindest teilweise aus dem explosionsartigen Anstieg der Ungleichheiten in diesem Land resultierte.[25] Durch Begünstigung der Reichsten, die eine größere Sparneigung besitzen, generierte die Zunahme der Ungleichheit ein zusätzliches Sparaufkommen, das zu Zinssenkungen und zunehmender Darlehensbewilligung auf Seiten der Finanzvermittler führte bei gleichzeitiger Erhöhung des durchschnittlichen Ausfallrisikos auf Seiten der Kreditnehmer. Niedrige Zinssätze und Risikostreuung bei den Darlehensgebern durch Finanzmarktinnovationen ermöglichten die Vergabe von Hypothekenkrediten an Haushalte mit mittleren bis geringen Einkommen, was eine Welle von Wohneigentumskäufen auslöste. Durch die gestiegene Wohnraumnachfrage baute sich eine Immobilienblase auf. Diese Blase führte ihrerseits zu einem Konsumanstieg der Haushalte, die sich in den Vereinigten Staaten auf Grundlage des Wertzuwachses ihrer Immobilie verschulden können. Angeheizt durch den Konsum beschleunigte sich das Produktionswachstum und vermittelte den trügerischen Eindruck, dass ein neues Zeitalter des Überflusses angebrochen sei.

Die Folgen sind bekannt. Die Zunahme von »Risiko«-Darlehensnehmern auf dem Hypothekenmarkt führte

---

[25] Für eine ausführliche Darlegung dieses Arguments, das häufig Joseph Stiglitz zugeschrieben wird, siehe Kumhof/Rancière, »Inequality. Leverage and Crisis«. Bezüglich einer Kritik dieser These vgl. Glaeser, »Does Economic Inequality Cause Crises?«.

ab 2006 zu vermehrten Zahlungsausfällen, und die Abwärts-spirale kam in Gang: restriktivere Kreditvergabe durch vorsichtig gewordene Banken, weniger Immobilienkäufe, Preisverfall, Insolvenz und weitere Zahlungsausfälle hochverschuldeter Haushalte, Baustopp usw.

Diese Interpretation der Krise ist natürlich unvollständig. Die Krise selbst wurde durch weitere Faktoren gefördert: die asiatischen Kapitalströme in die USA, eine sehr laxe Geldpolitik nach den Anschlägen vom 11. September 2001, die Krise der IT-Werte von 2002, vor allem aber die Schief-lage eines von Kreditverbriefungen, *subprimes* und *credit default swaps*[26] überschwemmten Finanzsektors. Es wird noch einige Zeit dauern, bis man genau beurteilen kann, welche Rolle die vorherige Zunahme der Ungleichheit dabei gespielt hat. Insbesondere wäre die regelrechte Explosion der Ungleichheiten, bedingt durch die Stagnation der Realeinkommen eines Großteils der US-Bevölkerung, unvereinbar gewesen mit dem massiven Wachstum der amerikanischen Wirtschaft, hätte es keinen starken Antrieb gegeben, der die amerikanischen Haushalte zur Steigerung ihrer Konsumausgaben motivierte. Ohne zusätzliche Kredite hätte die Schwäche der Binnennachfrage das Wachstum abgewürgt.

Diese Begründung der Krise betont die Unzulänglichkeiten des Marktes als Ursachen für die negativen Auswirkungen der Ungleichheit auf die Wirtschaft: Spekulationsblase und künstliche überhöhte Preise für Immobilien und Finanzanlagen, überzogene Risikobereitschaft, Fahrlässigkeit der Finanzvermittler. Verallgemeinernd könnte man sagen, dass Marktdefekte aller Art für Ungleichheiten verantwort-

---

[26] Kreditausfallversicherungen.

lich sind, die wiederum zu mangelnder wirtschaftlicher Effizienz beitragen. Durch die Beseitigung dieser Mängel könnte man gleichzeitig auf dem Gebiet der Gleichheit wie auf dem der Effizienz Fortschritte erzielen.

Zweites Argument: das Versagen des Kreditmarktes. Es ist bekanntermaßen schwierig, ein Bankdarlehen zu bekommen, ohne Sicherheiten bieten zu können, etwa in Form von Eigentum oder Freunde und Verwandte, die Bürgschaft leisten. So wird ein Unternehmer ohne Vermögen und Beziehungen häufig davon Abstand nehmen müssen, eine brillante, Wert und Arbeitsplätze schaffende Geschäftsidee zu realisieren. Hingegen wird ein ausreichend mit Vermögen und Beziehungen versehener Unternehmer in der Lage sein, eine geschäftlich wie gesellschaftlich viel weniger rentable Firma zu gründen. Die Ungleichheit an Vermögen und Beziehungen, die zu einem ungleichen Zugang zum Kreditmarkt führt, ist offenkundig eine Quelle mangelnder Effizienz. Müsste sich die Gesellschaft für eines von beiden Projekten entscheiden, würde sie Ersteres wählen. Realisiert wird aber das Letztere.

Ein ähnliches und besonders häufig anzutreffendes Beispiel ist das Bildungswesen. Manche begabte Schüler erhalten keinen Zugang zu höherer Bildung, entweder weil es ihren Eltern an den nötigen Mitteln fehlt und das System der Studienkredite unzureichend ist, oder weil ihre Umgebung ihnen keine Lust aufs Studieren vermittelt hat. Die Kinder der Bessergestellten werden dagegen die Universität besuchen, auch wenn die Gesellschaft davon einen geringeren Nutzen hat.

Die Reihe derartiger Beispiele ließe sich beliebig verlängern, in den Entwicklungsländern wie in den Industriestaaten: Grundbesitzer, die ihr Land brachliegen lassen, während landlose Bauern dahinvegetieren, Immobilienbesitzer, die Wohnraum leerstehen lassen, während ein Teil der Bevölkerung kein anständiges Dach über dem Kopf hat, eingeschränkte Erwartungen für Kinder, die in bestimmten Vororten aufwachsen, ethnische oder geschlechtliche Diskriminierung auf dem Arbeitsmarkt usw. In all diesen Fällen sind Unzulänglichkeiten des Marktes für den ungleichen Zugang zu manchen Diensten und Einrichtungen verantwortlich, wodurch Potenziale ungenutzt bleiben, während andere, weniger Erfolg versprechende, zum Einsatz gelangen.

Diese mit dem schlechten Funktionieren mancher Märkte zusammenhängenden Ungleichheiten lassen sich unter den Begriff der Chancenungleichheit subsumieren. Dem Prozess der Einkommensbildung vorgelagert, liefern sie gleichermaßen eine Erklärung für Einkommensungleichheit wie für wirtschaftliche Ineffizienz. Sie zeigen aber auch, dass Maßnahmen zur Verbesserung der Chancengleichheit geeignet sind, sich positiv auf die Einkommensverteilung sowie die wirtschaftlichen Effizienz im Allgemeinen auszuwirken.

Nach Kredit und Bildung ist soziale und politische Instabilität das dritte Medium, durch das Ungleichheit einen negativen Einfluss auf das wirtschaftliche Geschehen nimmt. Das beste Beispiel hierfür ist die endemische Gewalt, die in manchen Ländern wütet. Die mangelnde Aussicht, in die Mittelklasse aufzusteigen, bringt manche Jugendliche aus den brasilianischen *favelas* oder den kolumbianischen *poblaciones* dazu, ihr Glück mit kriminellen Mitteln zu versuchen: Diebstahl, Raub, Kidnapping, Drogen, Bandenkämpfe usw. Um sich vor dieser Aggression zu schützen, ist der Rest der Bevölkerung gezwungen, einen Gutteil seines Budgets für Sicherheit auszugeben. Wer schon einmal durch die Straßen von Rio, Bogotá oder Mexico City gegangen ist, dem werden die Zäune und die oft schwerbewaffneten Sicherheitskräfte aufgefallen sein, die Wohngebäude, Geschäfte, Banken und Firmenzentralen schützen. Nach Schätzungen arbeiten etwa 10 Prozent der Erwerbstätigen von Bogotá in der Sicherheitsbranche. Kann man eine solche Situation als »effizient« bezeichnen? Wäre es nicht besser, dieselbe Anzahl von Arbeitskräften – nicht zwangsläufig dieselben Personen – in der Güterproduktion, der Infrastruktur oder dem Bildungswesen zu beschäftigen? Und müsste man dafür nicht die soziale Ungleichheit verringern, die für die Kriminalität verantwortlich ist?

Dieses Beispiel ist insofern extrem, als die Beziehung zwischen Ungleichheit und Unsicherheit (und sogar ziviler Gewalt) schwach zu sein scheint. Tatsächlich sind die Statistiken, die einen Zusammenhang zwischen Einkommensungleichheit und Kriminalität oder zivilen Konflikten zeigen, nicht immer schlüssig. Das Problem ist, dass die Ungleichheitsdimension, auf die es hierbei ankommt, nicht klar zutage tritt. Handelt es sich um die Kluft zwischen den Superreichen und den Ärmsten der Armen oder um den Abstand zwischen der Mittelschicht und den Armen? Oder gar um die Chancenungleichheit, ein statistisch schwer zu erfassendes Konzept? Doch welche Gesellschaft man auch immer betrachtet, man kann davon ausgehen, dass massive Ungleichheiten (oder ein starker Anstieg der Ungleichheit) unweigerlich zu sozialen Spannungen und einer gewissen politischen Instabilität führen, die dem Wirtschaftsleben wenig zuträglich sind.[27]

---

[27] Vgl. Alesina/Perotti, »Income Distribution, Political Instability and Investment«. Die vorhandenen empirischen Daten reichen als Beleg für die Thesen nicht immer aus, und zwar vor allem

Der Verteilungskonflikt ist auch über das Steuer- und Transfersystem regulierbar. Allerdings können selbst auf diesem Wege negative Folgen für die wirtschaftliche Leistungskraft entstehen. Zum Beispiel käme in einer demokratischen Gesellschaft, in der das freie Spiel der Marktkräfte eine sehr ungleiche Einkommensverteilung erzeugt, die Mehrheit der Bürger in der Genuss einer massiven Umverteilung. Doch wenn diese Umverteilung die Marktmechanismen verfälscht, wie die Wirtschaftstheorie behauptet, dann ist es die anfängliche Ungleichheit (die der Primäreinkommen vor Steuern und Abgaben), die für Ineffizienz sorgt. Denn nur, weil es anfangs zu große Ungleichheiten gibt, kann von der Mehrheit der Bürger eine stärkere Umverteilung eingefordert werden und am Ende zu einer weniger effizienten Wirtschaft und einem langsameren Wachstum führen.[28]

Umverteilung und Chancengleichheit

Was soll man aus diesen verschiedenen Annäherungen an das Verhältnis von Ungleichheit und wirtschaftlicher Effizienz für Schlüsse ziehen? Genügt die Feststellung, dass Diskriminierungen und Ausschlüsse aller Art, das heißt im Wesentlichen die Chancenungleichheit, zu einer suboptimal

---

deshalb, weil der für die Erklärung von Kriminalität oder politischer Instabilität relevante Typus von Ungleichheit nicht immer eindeutig aus den üblichen Statistiken zur Einkommensungleichheit hervorgeht.

[28] Diese Argumentation wurde von Alesina/Rodrik entwickelt, vgl. »Distributive Politics and Economic Growth«, und Persson/Tabellini, »Is Inequality Harmful for Growth?«.

funktionierenden Wirtschaft führen und dass man nur diese Situationen korrigieren müsse, sei es durch Gesetzgebung, sei es durch Investitionen in Bildung oder andere Infrastrukturen, um allen Bürgern die gleichen Chancen zu geben, durch ihr Talent, ihre Leistungen und ihre unternehmerische Initiative einen zufriedenstellenden Lebensstandard zu erreichen? Durch Verringerung der aus dem Wirtschaftsgeschehen direkt resultierenden Ungleichheit der Primäreinkommen brauchte man am Ende weniger umzuverteilen und folglich weniger in das Spiel der Marktkräfte einzugreifen.

Tatsächlich ist die Sache komplizierter. Die Chancengleichheit voranzutreiben, erfordert oft zusätzliche Investitionen in bestimmte öffentliche Dienstleistungen. Um zum Beispiel gleiche Zugangsbedingungen zu einer hochwertigen Bildung zu schaffen, damit die Fähigkeiten und Talenten aller optimal genutzt werden können, sind zusätzliche Ausgaben von Seiten des Staates vonnöten. Das gilt für Entwicklungsländer mit immer noch sehr niedriger Beschulungsquote, aber auch, wenngleich in geringerem Maße, für entwickelte Länder, in denen die Qualität des Unterrichts nach wie vor uneinheitlich ist. Doch solche Ausgaben können nur durch zusätzliche, in der Regel steuerliche Einnahmen gedeckt werden. Ob diese Steuer nun von allen Bürgern proportional zu ihrem Einkommen gezahlt wird oder als Progressivsteuer auf die Spitzeneinkommen abzielt, eine solche Politik stellt allemal eine Umverteilung von den reichsten zu den weniger begünstigten, bildungsmäßig zunächst benachteiligten Bevölkerungsschichten dar.

Ist diese Umverteilung wirtschaftlich effizient? Insofern sie eine Erhöhung der steuerlichen Belastung erfordert, führt sie zu einer Verzerrung der Marktkräfte und kann kurzfristig ineffizient sein. Doch insofern sie gleiche Chancen für alle eröffnet, ihre Talente zu nutzen, trägt sie mittel- und langfristig zu einem Wachstum der wirtschaftlichen Leistungskraft bei. Was dabei am Ende herauskommt, ist an eine Vielzahl von Parameter gekoppelt und hängt eng mit dem Kontext, den geplanten Maßnahmen oder der Gesamtgesellschaft zusammen. Auf jeden Fall wäre es falsch, voreilige Schlüsse in die eine oder andere Richtung zu ziehen.

Die gleichen Prinzipien langfristiger ökonomischer Effizienz können geltend gemacht werden, um direktere Umverteilungsmaßnahmen zu rechtfertigen. Es gibt in jeder Gesellschaft »Armutsfallen«, die eine Person außer Stand setzen, ihren Fähigkeiten gemäß zu agieren. Das Effizienzziel rechtfertigt eine Kaufkraftübertragung zugunsten jener, die aufgrund von Arbeitsplatzverlust, gesundheitlichen Problemen oder persönlichen Schicksalsschlägen mit einer solchen Situation konfrontiert sind, um ihnen den Wiedereinstieg in den Arbeitsmarkt zu ermöglichen. Allerdings könnte dieses Ziel in Widerspruch treten zu dem durch diesen Einkommenstransfer möglicherweise geschaffenen negativen Arbeitsanreiz. Daher die Notwendigkeit, solche Maßnahmen dergestalt zu optimieren, dass sie zu wirtschaftlicher Effizienz ebenso wie zu sozialer Gerechtigkeit beitragen.

Ein letztes Argument zugunsten der Einkommensumverteilung als langfristiger Effizienzgarantie ist die durch generationsübergreifende Vermögensübertragung geschaffene Chancenungleichheit. Der beständige Anstieg der primären Einkommensungleichheit läuft Gefahr, sich durch Vermögensakkumulation zu verewigen und die asymmetrische Chancenverteilung der nächsten Generation zu verstärken. Das ist eine der Befürchtungen der chinesischen Führung angesichts der zunehmenden Ungleichheit seit Ende der

1980er Jahre. Eine Begrenzung dieser Übertragung kann entweder durch eine progressive Besteuerung von Einkommen (und vielleicht Vermögen) oder über die Erbschaftssteuer erfolgen.

Dieser Überblick zeigt, dass die Beziehung zwischen Umverteilung und wirtschaftlicher Effizienz komplex, vielfältig und richtungsoffen ist und dass man sich in diesem wie in vielen anderen Bereichen vor allzu großen Vereinfachungen hüten sollte. Abgesehen von ihren Kosten in puncto sozialer Gerechtigkeit, kann eine zu ungleiche Verteilung von Chancen und ökonomischen Erträgen negative Auswirkungen auf den Umfang der Wirtschaftstätigkeit und den durchschnittlichen materiellen Wohlstand einer Gesellschaft haben. Umverteilung kann also die Funktionsfähigkeit der Wirtschaft verbessern. Da sie aber selbst potenziell mit hohen Kosten verbunden ist, hängen ihre finalen Folgen im Wesentlichen davon ab, welche Form und welchen Umfang sie annimmt sowie welche Art von Ungleichheiten sie zu korrigieren ermöglicht.

Globale Angleichung der Lebensstandards und Rückgang der Armut

In den meisten Ländern nimmt die Ungleichheit explosionsartig zu, während sich parallel die Lebensstandards weltweit angleichen. Dieser doppelte Befund führt zu einer einfachen Frage: Wie lässt sich dieser globale Angleichungstrend aufrechterhalten und gleichzeitig der Vormarsch der nationalen Ungleichheiten stoppen, der früher oder später in Konflikt mit dem erstgenannten Ziel geraten wird?

Die Frage ist keineswegs einfach. Wenn man davon ausgeht, dass die Zunahme nationaler Ungleichheiten vorrangig auf den Prozess der Globalisierung von Handelsbeziehungen zurückzuführen ist, wäre es verlockend, dem mit protektionistischen Maßnahmen abhelfen zu wollen. Führende Persönlichkeiten in Frankreich und weltweit haben sich für eine solche Politik ausgesprochen. Manche plädieren sogar für eine »Entglobalisierungspolitik«. Das Problem ist, das eine solche Politik vielleicht zur Verringerung der Ungleichheiten in einigen Ländern beitragen, aber auch die Entwicklung anderer Länder blockieren und damit letztendlich den Rückgang der globalen Armut verlangsamen würde. Das ist genau jene Art von Alternative, die eine Gemeinschaft, der es um den globalen Wohlstand zu tun ist, vermeiden muss. Es gilt also zu prüfen, welche Instrumente eine *gleichzeitige* Verfolgung beider Ziele ermöglichen.

Wie erwähnt, ist es sehr wahrscheinlich, dass die Annäherung zwischen aufstrebenden und wohlhabenden Volkswirtschaften sich in den kommenden Jahren fortsetzen, wenn nicht beschleunigen wird. Weniger eindeutig verhält es sich mit den vorwiegend in Afrika gelegenen Armutsländern, deren Entwicklung vom Rohstoffexport abhängt. Viele von ihnen erleben seit Beginn der 2000er Jahre eine Prosperitätsphase dank der hohen Preise auf den Weltmärkten. Doch dieser Zustand wird auf lange Sicht nicht andauern. Der Rückgang der Armut auf der Welt würde allerdings ein gleichbleibend schnelles, wenn nicht beschleunigtes Wachstum dieser Länder in den kommenden Jahrzehnten erfordern.

Das Wachstum haben die Länder selbst zu verantworten, doch wird es, im Fall der armen Länder, stark vom internationalen Kontext mitbestimmt. Wie die Erfahrung gezeigt hat, ist es schwer, auf die Märkte und Rohstoffpreise

Einfluss zu nehmen. Folglich ist die Frage zu stellen, wie die internationale Gemeinschaft die Entwicklung dieser Länder durch öffentliche Entwicklungshilfe und andere gezielte Maßnahmen fördern kann und muss.

Entwicklungshilfe

Sie ist heute das einzige wirkliche Instrument internationaler Umverteilung. Die reichen Nationen geben etwa 0,35 Prozent ihres Volkseinkommens, das sind ungefähr 100 Milliarden Euro, an Entwicklungshilfe für die armen Länder aus. Wenn man das Ausmaß binnenstaatlicher Umverteilung danebenhält, nehmen sich solche Summen lächerlich gering aus. Nur zum Vergleich: Das französische Steuer- und Sozialversicherungssystem verteilt ungefähr 15 Prozent des Gesamteinkommens der reichsten 20 Prozent (was dem Bevölkerungsanteil der reichen Nationen an der Weltbevölkerung entspricht) an den Rest der Bevölkerung, also etwa 45-mal so viel wie auf globaler Ebene! Für die Empfängerländer sind die qua Entwicklungshilfe umverteilten Summen hingegen alles andere als unbedeutend. Sie können 15 Prozent des Nationaleinkommens und manchmal mehr als die Hälfte des Staatshaushaltes ausmachen.

Historisch betrachtet kam das Konzept der öffentlichen Entwicklungshilfe und das Bemühen um Reduzierung der Einkommenskluft zwischen Ländern der »Dritten Welt« und reichen Nationen zu Beginn der 1960er Jahre auf, im Zuge der Dekolonisierung. Dieses humanitäre Anliegen war allerdings an ein geopolitisches Ziel gekoppelt. In der Hochzeit des Kalten Krieges versuchten beide Lager, die Gunst von Ländern zu gewinnen, die häufig noch unentschlossen waren, für welches Wirtschafts- oder Bündnissystem sie sich entscheiden sollten. Auf westlicher Seite entstanden die Internationale Entwicklungsorganisation als Unterorganisation der Weltbank, die für die Vergabe eines Großteils der multilateralen Hilfe zuständig ist, und der Ausschuss für Entwicklungshilfe (DAC), der die bilaterale Hilfe der OECD-Länder koordiniert. Einige Jahre später forderte die Pearson-Kommission, dass der Beitrag der reichen Nationen zur öffentlichen Entwicklungshilfe 0,7 Prozent ihres Volkseinkommens betragen solle.

Dieses Niveau wurde nie erreicht, auch wenn sich einzelne, vor allem skandinavische Länder individuell an diese Empfehlung hielten. Von Ende der 1960er bis Ende der 1980er Jahre pendelte sich die Gesamthilfe bei 0,35 Prozent ein, also etwa der Hälfte des angestrebten Ziels. Mit dem Ende des Kalten Krieges ging sie drastisch zurück, was beweist, wie stark die geopolitischen Motive in der Zeit zuvor gewesen waren. Ab den 2000er Jahren verzeichnete sie einen neuerlichen Zuwachs, bedingt durch den energischen Einsatz der Vereinten Nationen zugunsten von »Millennium-Entwicklungszielen«, die namentlich eine Primärschulbildung für alle, die Halbierung der Armut und die Senkung der Kindersterblichkeit um zwei Drittel bis 2015 (bezogen auf das Jahr 1990) vorsehen. Die Initiative, die den Willen der Weltgemeinschaft zur Reduzierung der globalen Armut und Ungleichheit unabhängig von politischen Zielen verdeutlichte, ermöglichte es, das Volumen der Entwicklungshilfe auf den alten Stand zurückzubringen: Es liegt heute wieder 0,35 Prozent des Nationaleinkommens der Geberländer.

Gleichzeitig traten neue Geldgeber in Erscheinung, deren Beitrag in diesen Zahlen nicht enthalten ist. Es sind dies einerseits private Organisationen wie die Gates-Stiftung und andererseits Schwellenländer wie China. In beiden Fällen ist der Umfang beträchtlich, da er sich jeweils auf annähernd 10 Prozent der offiziellen Hilfe der entwickelten Länder beläuft.

Welchen Einfluss haben diese Geldströme auf die globale Entwicklung und Armutsbekämpfung? Diese Frage ist seit geraumer Zeit Gegenstand einer intensiven Debatte zwischen Kritikern und Befürwortern der Hilfe. Den Befürwortern zufolge ist die Entwicklungshilfe die einzige Chance der armen Länder, der »Armutsfalle«, in der sie stecken, zu entkommen, weil sie aus eigener Kraft nicht in der Lage sind, die für ihren wirtschaftlichen Aufschwung notwendigen Investitionen zu tätigen und die »Millenniumsziele« zu erreichen. Die Gegner wiederum verweisen auf das Fehlen jedes statistischen Zusammenhangs zwischen Entwicklungshilfe und Wirtschaftswachstum in der Vergangenheit und bezweifeln, dass die Hilfe wirklich dazu beigetragen habe, die Fähigkeit der Empfängerländer zum Armutsabbau zu erhöhen.

Zur Erklärung dieses offenkundigen Scheiterns werden mehrere Gründe angegeben. Benannt wird vor allem die oft mangelhafte Regierungsführung und die in vielen Empfängerländern anzutreffende Korruption. Da die Hilfe an die Adresse von Staaten geht, können die Geldgeber die Art ihrer Verwendung nicht wirklich kontrollieren, ohne gegen elementare Grundsätze nationaler Souveränität zu verstoßen. Ein Teil der Hilfe kann somit zweckentfremdet werden, und zwar meist zugunsten der politischen Führer und ihrer Gefolgsleute. Die von manchen afrikanischen Führern teilweise durch Veruntreuung von Entwicklungshilfegeldern angehäuften Privatvermögen sind noch in frischer Erinnerung: mehr als 5 Milliarden von Zaires Mobutu während der 1980er und 1990er Jahre und zwischen 2 und 5 Milliarden in kaum vier Jahren von Abacha im Nigeria der 1990er Jahre.

Soll man sich also dem Standpunkt der Kritiker anschließen und die armen Länder ermutigen, auf die Hilfe zu verzichten oder, wie manche Forscher vorschlagen, die Hilfe auf sehr punktuelle Projekte und wenige ausgewählte Experimente zu beschränken, um herauszufinden, »was in der Entwicklungspolitik funktioniert und was nicht«?[29] Oder soll die Hilfe selektiv erfolgen, wie es heute oft der Fall ist, und vorrangig in Länder fließen, deren Regierungsstil akzeptabel scheint, und nur in Sektoren, wo Unterschlagungen vermeintlich schwieriger sind, das heißt, hauptsächlich in den Sozialbereich (Gesundheit und Bildung)?

Anstatt auf solche Extremlösungen zu verfallen, sollte man sich besser auf einige einfache Prinzipien besinnen. Erstens, solange ein Großteil der Hilfe die Armut lindert und die Bedingungen der Ärmsten in den Bereichen Gesundheit und Bildung verbessert, kann man schwerlich behaupten, ohne voreingenommen zu sein, dass die Hilfe nichts nütze, selbst wenn sie nicht unmittelbar das Wachstum beschleunigt. Die Überprüfung und Bewertung von Projekten, die aus internationalen Mitteln finanziert wurden, hat gezeigt, dass diese Hilfen bedeutende Fortschritte in den betroffenen Bereichen ermöglichen. Das Entscheidende ist also zu gewährleisten, dass die Hilfe auch ankommt, dass sie in ausreichender Höhe erfolgt und im Einklang mit den von den Geldgebern eingegangenen Verpflichtungen steht, und dass sie sich tatsächlich auf die Armutsländer konzentriert.

Zweitens ist eine Unterscheidung zu treffen zwischen Empfängerländern, deren Führungsriegen ein parasitäres,

---

[29] Vgl. Moyo (Dead aid) für den ersten Standpunkt und Easterly (Wir retten die Welt zu Tode) oder Abhijit Banerjee (»Making Aid Work«) für den zweiten.

wenn nicht kriminelles Verhalten an den Tag legen, und solchen, deren Regierungen transparenter oder »entwicklungsfreundlicher« sind. Bei Ersteren müssen strenge Auflagen erlassen und wirksame Kontrollen durchgeführt werden, selbst wenn es dem Souveränitätsprinzip zuwiderläuft. Umgekehrt sollen transparentere Regierungen die Kontrolle über ihre Entwicklungsstrategie und die Verwendung der ihnen gewährten Mittel behalten, die Hilfe also nur einem Ergebnisvorbehalt unterliegen.

Schließlich dürfen die Geldgeber ihre Unterstützungspolitik nicht von ihrem Eigeninteresse und ihrem eigenen Entwicklungskonzept abhängig machen, wie es bei der Strukturanpassung und dem »Washingtoner Konsens« der Fall war. Eine Koordination der Geberländer scheint geboten, um Programmüberschneidungen zu vermeiden und den Empfängerländern gegenüber dieselben Vergabeprinzipien anzuwenden. Im Hinblick darauf wäre es wahrscheinlich die beste Lösung, einen Großteil der Entwicklungshilfe durch multilaterale Agenturen verwalten zu lassen, die ideologisch unvorbelastet sind.

Andere Umverteilungskanäle

Die Entwicklungshilfe stellt nicht den einzigen Umverteilungskanal zwischen reichen und armen Ländern dar. Im Grunde genommen verändert jeder Eingriff in die wirtschaftlichen Beziehungen zwischen diesen Ländern auf die eine oder andere Weise die internationale Einkommensverteilung. Das gilt für den Warenverkehr ebenso wie für Migrationsbewegungen oder Kapitalströme. Jegliche Restriktion reicher Länder gegenüber Importen aus armen Ländern hat negative Folgen für deren Lebensstandard. Desgleichen hindern verschärfte Zuwanderungsbeschränkungen für ungelernte Arbeitskräfte in den Industrienationen die potenziellen Migranten aus den Entwicklungsländern daran, ihre Lage und die ihrer Familien durch Geldtransfers zu verbessern. Ebenso verhält es sich mit überzogenen Risikozuschlägen, die Finanzvermittler entwickelter Länder auf Darlehen für Wirtschaftsakteure oder Regierungen armer Länder erheben.

Wenn auch bedeutende Fortschritte bei der Liberalisierung des Warenverkehrs erzielt wurden, so ist diese dennoch nach wie vor lückenhaft, und der Zugang von Produkten aus Entwicklungsländern zu manchen Märkten der Industriestaaten bleibt begrenzt. Seit einigen Jahren versucht die sogenannte »Doha-Runde« oder »Doha-Entwicklungsagenda« unter der Ägide der Welthandelsorganisation, die Situation zu verbessern. Die Verhandlungen konzentrieren sich allerdings mehr auf die Beziehungen zwischen Industrie- und Schwellenländern (China, Indien, Brasilien) als zwischen reichen und armen Ländern (insbesondere den afrikanischen Rohstoffexporteuren), die im gegenwärtigen Stadium der Globalisierung von geringerer strategischer Bedeutung sind. Den armen, vor allem afrikanischen Staaten den Zugang zu den entwickelten Märkten nicht nur für Primärgüter zu eröffnen, sollte ein vorrangiges Ziel sein, ebenso wie ein konsequenter Schutz ihrer Binnenmärkte. Das ist eine notwendige Voraussetzung, damit diese Länder ihre Wirtschaft diversifizieren können, was wiederum eine notwendige Voraussetzung ihrer zukünftigen Entwicklung ist. Der garantierte Zugang zu den westlichen Agrar- und Textilmärkten könnte in manchen Fällen sehr viel mehr bewirken als die Entwicklungshilfe.

Es ist davon auszugehen, dass diese Länder nicht wettbewerbsfähig genug sind, um etwas anderes als kaum verarbeitete mineralische oder landwirtschaftliche Rohstoffe zu exportieren und dass sie auf dem Gebiet der Industrie- und Nahrungsmittelproduktion nicht mit asiatischen oder latein-amerikanischen Ländern konkurrieren können. Es ist eine Tatsache, dass sie durch einen dramatischen Mangel an Ver-kehrsinfrastruktur behindert werden sowie durch häufig schwache Produktivitätsraten, aufgrund viel zu geringer Produktionsvolumina. Hilfe beim Infrastrukturausbau und ein privilegierter Zugang zu entwickelten Märkten über zeitweilige Handelspräferenzen würden zur Überwindung dieser Handicaps beitragen, möglicherweise mit Unterstüt-zung externer Investoren (eventuell asiatischen Ursprungs!).

Seit Beginn der 2000er Jahre haben die Vereinigten Staa-ten (über den *African Growth Opportunity Act*, AGOA) und Europa (über die Initiative »Alles außer Waffen«, AAW) ent-sprechende Initiativen ergriffen. Sie bestehen darin, die ame-rikanischen und europäischen Märkte für Produkte aus afri-kanischen Ländern zu öffnen, allerdings unter bestimmten Bedingungen: eine beschränkte Produktpalette beim AGOA (hauptsächlich Textilien) und verbindliche Herkunftsregeln, sogenannte »Ursprungsregeln«, bei AAW. Unter dem Strich war ihre Wirkung bisher sehr begrenzt, doch ist denkbar, dass diese Programme an Bedeutung zulegen. Die geplanten »Wirtschaftspartnerschaftsabkommen« zwischen der Euro-päischen Union und einzelnen Regionalgruppen afrikani-scher Staaten verallgemeinern diesen Ansatz. Sie bieten den Vorteil, zum Aufbau wirklicher Zollunionen und regionaler Märkte zu motivieren, bleiben jedoch sehr restriktiv in puncto Ursprungsregeln und sind viel zu anspruchsvoll in Bezug auf den Abbau von Zollbarrieren. Beim jetzigen Stand der Dinge ist zu befürchten, dass sie auf Dauer eher ein Hin-dernis als eine Hilfe beim Aufbau diversifizierter Wirtschaf-ten in Afrika sein werden.

Die ökonomischen Restriktionen, die den armen von den reichen Ländern auferlegt werden, beschränken sich nicht auf den Handelsverkehr. Wir haben das Beispiel der Zuwanderung bereits erwähnt. Man hätte ebenso gut die geistigen Eigentumsrechte zitieren können. In guter Erinnerung ist zweifellos der Prozess, den multinationale Pharmakonzerne gegen Südafrika anstrengten, weil das Land per Gesetz die Herstellung generischer Aids-Medikamente zuließ. Dieser Rechtsstreit nahm ein gutes Ende, die Multis gaben den Prozess auf. Tatsache bleibt, dass die TRIPS-Abkommen (Übereinkommen über handelsbezogene Aspekte der Rechte am geistigen Eigentum) den Zugang armer Länder zu technischen Neuerungen beschränken und ihre Entwicklung blockieren.

Die globale Umverteilung, die über die Entwicklungshilfe stattfinden könnte und die an sich schon schwach und unbeständig ist, wird also durch die Auswirkung protektionistischer Maßnahmen von Seiten der entwickelten Länder reduziert. Einer groben Schätzung zufolge könnten die Transfers, die im Rahmen der Entwicklungshilfe erfolgen, zu einer Verringerung des Gini-Koeffizienten der globalen Verteilung von Lebensstandards in der Größenordnung von 0,25 Prozentpunkten beitragen, ein minimaler Effekt. Doch wenn man den beschränkten Marktzugang der in (und von) den armen Ländern produzierten Güter und Dienstleistungen berücksichtigt, ist sogar fraglich, ob Letztere überhaupt etwas von dem haben, was alle reichen Länder zusammengenommen netto an sie umverteilen.[30]

---

[30] Zu diesen beiden Punkten siehe Bourguignon/Levin/Rosenblatt, »International Redistribution of Income«.

In Anbetracht dieser Situation ist der Bedarf an politischen Strategien, die auf eine beschleunigte Konvergenz globaler Lebensstandards abzielen, also beträchtlich. Es besteht im Übrigen kein Grund, nur an die reichen Länder zu appellieren. Ob bei der Entwicklungshilfe oder bei Handelspräferenzen, die Schwellenländer müssen mehr und mehr einbezogen werden.

Die nationalen Ungleichheiten korrigieren

Wenn wir es als Tatsache betrachten, dass die Zunahme nationaler Ungleichheiten, die teilweise auf die Globalisierung zurückgeht, die wirtschaftliche Leistungskraft potenziell beeinträchtigt (und sei es nur durch die Erzeugung sozialer Spannungen, die grundlegende ökonomische Mechanismen oder Korrekturen blockieren könnten), stellt sich die Aufgabe, diese Ungleichheiten zu beheben. Dafür gibt es mehrere Vorgehensweisen, die jede mit Einschränkungen und Kosten verbunden ist. Die erste zielt auf laufende Einkommen mittels Steuern und Transfers; die zweite auf die Bildung von Produktivvermögen auf Seiten zunächst benachteiligter Gesellschaftsschichten; die dritte auf Primäreinkommen durch Veränderung von Marktmechanismen.

Bei der Untersuchung dieser drei Arten von Umverteilung muss man auch berücksichtigen, welche Form der in vielen Ländern zu verzeichnende Anstieg der Ungleichheiten annimmt. Ist der Anstieg der primären Einkommensungleichheit, aus dem sich die zunehmende Ungleichheit der Lebensstandards zumindest teilweise erklärt, stabil oder auf dem Wege der Stabilisierung? Oder tendiert er im Gegenteil zu einer weiteren Beschleunigung? Das Ausmaß der Umverteilung und die dafür benötigten Instrumente sind in beiden Fällen nicht die gleichen.

Steuerliche Umverteilung

Ein bevorzugtes Instrument der Korrektur von Ungleichheiten ist natürlich die Steuer, genauer gesagt, die progressive Einkommensteuer. Da der Anstieg der Ungleichheit häufig von den Spitzeneinkommen ausgeht, wäre da nicht die nächstliegende Lösung eine Anhebung der marginalen Spitzensteuersätze oder in manchen Fällen die Rückkehr zu einer echten Steuerprogression? Die Dinge liegen allerdings nicht so einfach, wie man vermuten könnte. Es gibt politische und ökonomische Grenzen der Besteuerung, und es ist fraglich, ob sich durch eine solche Maßnahme der Anstieg der Ungleichheit in all seinen Aspekten korrigieren lässt.

Die marginalen Einkommensteuerspitzensätze sind im Allgemeinen ziemlich hoch, sie liegen bei knapp unter 50 Prozent in den OECD-Staaten. Wenn man die Gesamtheit der Steuern und Abgaben betrachtet, die auf Arbeitseinkommen erhoben werden, sowie die indirekte Besteuerung hinzunimmt, scheint wenig Spielraum für eine Steuererhöhung zu bestehen, die mit einer Aufrechterhaltung der Anreizfunktion vereinbar wäre. In Frankreich betragen heute die effektiven Abgaben auf 100 zusätzlich verdiente Euro eines Angestellten der obersten Führungsebene (der in die höchste Einkommensteuerklasse mit einem Satz von 45 Prozent fällt) zwischen 60 und 75 Euro, je nachdem, ob man die Beiträge zur Sozialversicherung als aufgeschobenes Einkommen betrachtet oder nicht. Kann man die Schraube noch weiter anziehen, ohne zu riskieren, dass die Steuerflucht zunimmt oder die betuchtesten Steuerzahler die Zusammensetzung ihrer angegebenen Einkünfte dahingehend verändern, dass sich die Auswirkungen der erhöhten Steuersätze minimieren?

Die Steuersätze auf Vermögenseinkünfte liegen häufig weit unterhalb des früheren Niveaus. Da das Einkommen von Spitzenverdienern einen hohen Kapitalanteil beinhaltet, ist ihr effektiver Steuersatz viel geringer, als würden sie bloß ein hohes Gehalt beziehen. Dividenden oder Gewinne werden durchschnittlich in einer Größenordnung von 30 Prozent besteuert, und der tatsächliche Steuersatz der Reichsten in den OECD-Ländern liegt näher bei dieser Zahl als bei den Einkommensteuerspitzensätzen. In den Vereinigten Staaten lag der Steuersatz des reichsten 1 Prozent im Jahr 2004 bei 33 Prozent und der der 14 000 reichsten Haushalte (mit einem durchschnittlichen Jahreseinkommen von 18 Millionen Dollar) bei nur 35 Prozent. Dieser Umstand hat den Milliardär Warren Buffett dazu veranlasst, öffentlich sein Erstaunen darüber zu äußern, dass sein Steuersatz niedriger sei als der der seiner Sekretärin. Der effektive Steuersatz des reichsten 1 Prozent in Frankreich[31] liegt in derselben Größenordnung und damit wesentlich niedriger als die marginalen Spitzensteuersätze auf Arbeitseinkommen. In einer Vielzahl entwickelter Länder verhält es sich ähnlich.

Bei effektiven Steuersätzen um 35 Prozent scheint ein gewisser Spielraum zu bestehen, die Reichsten steuerlich stärker zu belasten und die Ungleichheit auf ein vertretbareres

---

[31] Für die Vereinigten Staaten siehe Piketty/Saez, »How Progressive is the U.S. Federal Tax System?«. Für Frankreich siehe Landais/Piketty/Saez, Pour une révolution fiscale. Allerdings ist im Falle Frankreichs zu berücksichtigen, dass die Zahl sich ändert, wenn man die Solidaritätssteuer auf Vermögen (*impôt de solidarité sur la fortune*, ISF) einbezieht.

Niveau zu senken. Es liegt auf der Hand, dass es die Kapitaleinkünfte sind, die höher besteuert werden müssten. Das diesbezüglich größte Hindernis – und einer der Gründe für die ungleiche Besteuerung von Kapital und Arbeit – ist die Mobilität des Kapitals. Es besteht nämlich die Befürchtung, dass eine höhere steuerliche Belastung von Kapitaleinkünften ihre Bezieher dazu veranlassen könnte, ihre Vermögen anderswo zu investieren, wo sie von günstigeren Steuersätzen profitieren. Mit anderen Worten, man fürchtet, dass das, was man gemeinhin als »Steueroptimierung« bezeichnet, die Steuerbasis und die Steuereinnahmen verringern könnte.

Da man über keine genauen Schätzungen über die Elastizität der Steuerbasis im Verhältnis zu den Steuersätzen verfügt, ist es schwer, den Erhöhungsspielraum des Staates auf diesem Gebiet vorauszuberechnen. Dass aber ein Spielraum vorhanden ist, darüber besteht wenig Zweifel.[32] In Frankreich hat sich die durchschnittliche Belastung von Kapitaleinkünften im Laufe der letzten zehn Jahre um ungefähr ein Drittel erhöht, hauptsächlich aufgrund gestiegener Sozialabgaben. Augenscheinlich hat sich die Steuerbasis dadurch wenig verändert. Andererseits gibt es zwangsläufig eine

---

[32] Nach den Schätzungen von Saez, Slemrod und Giertz liegt die mittlere Elastizität der Steuerbasis im Verhältnis zu den Steuersätzen in den USA bei rund 20 Prozent (vgl. »The Elasticity of Taxable Income«). Bei einem Eingangssteuersatz in der Größenordnung von 40 Prozent bedeutet eine einprozentige Anhebung des Effektivsteuersatzes eine Verminderung des steuerpflichtigen Einkommens um lediglich 0,4 Prozent. Es gibt also in den USA durchaus einen Spielraum für Steuererhöhungen auf Spitzeneinkommen, um Ungleichheiten zu korrigieren und Steuereinnahmen zu erhöhen.

Obergrenze für diese Art von Besteuerung. Wenn sie, was am wahrscheinlichsten ist, von den Steuersystemen anderer Länder abhängt, dann wird vermutlich eine gewisse internationale Koordinierung erforderlich sein, um die durch den Anstieg der Spitzeneinkommen in den reichen Ländern entstandenen Ungleichheiten auf steuerlichem Wege zu korrigieren.

Die Steuererhöhung, die notwendig ist, um die Einkommensungleichheit auf ein vertretbares Niveau zu senken, kann in manchen Fällen beträchtlich sein, und dieses Ziel ist mit Sicherheit politisch nicht durchsetzbar. Am extremsten sind die Verhältnisse in den Vereinigten Staaten. Der Anteil des reichsten 1 Prozent an den primären Haushaltseinkommen stieg von um die 8 Prozent zwischen 1960 und 1980 auf heute mehr als 16 Prozent. Man kann davon ausgehen, dass der Anteil dieses obersten Zentils an den verfügbaren Gesamteinkommen der Haushalte (nach Steuern und Abgaben) sich ebenfalls in etwa verdoppelt hat. Mit einem einfachen Rechenexempel lässt sich zeigen, dass die Steuerquote von aktuell 35 auf 62,5 Prozent steigen müsste, damit der Anteil des 1 Prozent am verfügbaren Haushaltseinkommen wieder auf den Stand der 1970er Jahre sinkt,[33] also eine viel höhere Quote als der marginale Einkommensteuerspitzensatz. In Großbritannien wäre eine vergleichbare Erhöhung nötig, um zum Ungleichheitsniveau der 1960er und 1970er Jahre zurückzukehren. Eine solche Reform wäre geradezu

---

[33] Die Berechnung ist folgende: Setzen wir das Primäreinkommen des reichsten 1 Prozent mit 100 an, so beträgt sein verfügbares Einkommen heute $100 - 35 = 65$. Dieses, in erster Näherung, zu halbieren, um zur Verteilung der 1970er Jahre zurückzukommen, würde einen Gesamtsteuersatz von $100 - 37{,}5 = 62{,}5$ erfordern.

revolutionär in einem Land, in dem nicht verhindert werden konnte, dass die zu Beginn der Krise beschlossene Erhöhung des marginalen Spitzensteuersatzes von 45 auf 50 Prozent wieder rückgängig gemacht wurde!

Die Steuern könnten sich also als ein unzureichendes Instrument erweisen, um die Ungleichheit wieder auf den Stand zu senken, den sie vor dem Anstieg hatte, und zwar gerade in den Ländern, in denen dieser Anstieg am stärksten war. Somit bleiben entweder die Ungleichheiten auf einem hohen Niveau, wenn auch vielleicht geringer als heute, wenn eine einigermaßen ambitionierte Steuerreform durchgeführt wird; oder es müssen andere Mechanismen zur Reduzierung der Ungleichheiten in Betracht gezogen werden.

Augenblicklich ist die Situation in anderen OECD-Staaten weniger katastrophal, sei es, weil der Anstieg der Ungleichheit noch gemäßigt ausfällt, wie in Frankreich, oder weil sich das Ungleichheitsniveau selbst in Grenzen hält, wie in Schweden. Wenn die Zunahme der ungleichen Verteilung von Primäreinkommen nicht andauert, bleibt also eine stärkere Umverteilung auf steuerlichen Wege in diesen Ländern weiterhin denkbar (in den von der internationalen Mobilität der Vermögen und ihrer Besitzer gesetzten Grenzen).

Dasselbe gilt für manche Schwellenländer, in denen aufgrund der Globalisierung und des Wachstumstempos eine immer stärkere Konzentration an der Spitze der Verteilungspyramide zu verzeichnen ist. China und Indien befinden sich in dieser Situation, auch wenn die Ungleichheit noch nicht das Ausmaß der lateinamerikanischen Länder erreicht hat. Da die Einkommenbesteuerung in all diesen Ländern noch in den Kinderschuhen steckt, stellt sie für die Zukunft ein potenziell mächtiges Instrument zur Kontrolle der Ungleichheiten dar. Doch dazu müssen die Staaten und ihre Verwaltungsapparate lernen, mit diesem Instrument umzugehen und selbstverständlich den entsprechenden Willen haben.

Bei der Untersuchung der Korrektur von Ungleichheiten durch Besteuerung der Spitzeneinkommen sind wir implizit von der Annahme ausgegangen, dass die zusätzlichen Steuereinnahmen vollständig und im Verhältnis zu den Einkommen auf die Gesamtbevölkerung verteilt werden. Natürlich kann die Verwendung dieser Einnahmen selbst der Progression unterliegen, zum Beispiel durch höhere Transfers an Geringverdiener, die von der Globalisierung in den entwickelten wie in den aufstrebenden Wirtschaften negativ betroffen sind. In diesem Fall wären auch mögliche Effizienzverluste zu berücksichtigen, die durch diese Transfers entstehen können.

Umverteilung durch bildungspolitische Maßnahmen

Eine Egalisierung der Einkommensverteilung kann *ex post* erfolgen, durch Steuern und Abgaben auf Primäreinkommen. Sie kann aber auch *ex ante* stattfinden, durch eine ausgeglichenere Verteilung der Produktionsfaktoren, die sich im Besitz der Wirtschaftsakteure befinden und über ihre Primäreinkommen bestimmen. Eine ausgeglichenere Verteilung des Bildungsfaktors kann beispielsweise, durch Homogenisierung der Bildungsqualität oder erleichterten Hochschulzugang, bei ansonsten gleichen Bedingungen zu einer egalitäreren Einkommensverteilung beitragen. Selbst wenn das Bildungsgefälle innerhalb der Bevölkerung nicht immer mit dem Anstieg der Ungleichheiten im Land zusammenhängt, kann Letzterer durch eine solche Politik nachhaltig unterbunden werden.

Dieses Argument lässt sich ziemlich gut auf die Schwellenländer übertragen. Die Angleichung der Einkommen, die in den letzten Jahren in Brasilien zu beobachten war, erklärt sich zumindest teilweise aus dem Anstieg und der Vereinheitlichung des Bildungsniveaus. Umgekehrt erklärt sich die Zunahme der Ungleichheit in China wenigstens zum Teil aus dem Nachfrageüberhang nach qualifizierten Arbeitskräften und damit dem vergleichsweise mangelhaften Bildungssystem.

Allerdings ist die Auswirkung bildungspolitischer Maßnahmen auf die Einkommensverteilung durchaus widersprüchlich. Sicherlich ist der erleichterte Zugang aller zu einer umfassenderen und qualitativ höheren Bildung per se eine gute Sache und führt zweifellos zur Verbesserung der Chancengleichheit in einer Gesellschaft. Dennoch hängt die Rückwirkung auf die Einkommensverteilung von mehreren Faktoren ab. Zum einen kann es sein, dass ein qualitativ verbessertes Schulwesen und besser an den Arbeitsmarkt angepasste Ausbildungsgänge nur einer Minderheit zugutekommen und eher zu einer Verschärfung als einer Verringerung der Ungleichheiten beitragen. Zum anderen muss man, selbst wenn man eine Politik für die große Masse im Sinn hat, die Entwicklung des Arbeitsmarktes und die von ihm ausgehende Nachfrage berücksichtigen. Bei stagnierendem Wachstum und rigiden Löhnen werden die besser Ausgebildeten nicht zwangsläufig eine Arbeit und einen Lohn finden, die ihrer neuen Qualifikation entsprechen. Der Verteilungseffekt läuft also Gefahr, gering auszufallen und für beträchtliche Frustrationen zu sorgen.

Man kann davon ausgehen, dass erhöhte Bildungsanstrengungen nicht qualifizierter und schlecht bezahlter Arbeitskräfte in den Industriestaaten ihnen ermöglichen würden, in Bezug auf die Konkurrenz aus den Schwellenländern wettbewerbsfähiger zu werden. Selbst wenn es fraglich ist, ob diese Konkurrenz noch eine entscheidende Rolle beim Anstieg der Ungleichheiten spielt (insofern sie sich tendenziell auf mittlere Qualifikationen verlagert), könnte eine solche Politik die Ausweitung jener Ungleichheiten verhindern, deren Ursprung am unteren Ende der Verteilungspyramide zu suchen ist. Bei flexiblen Lohnstrukturen würde diese Politik in der Tat zu einer relativen Anhebung der Löhne gering Qualifizierter und zur Senkung der Löhne durchschnittlicher Qualifikationen führen, bei gleichzeitigem absolutem Wachstum des Durchschnittslohns. Selbstverständlich wäre der Verteilungseffekt bei unflexiblen Löhnen wesentlich geringer.

Die Implementierung einer solchen Politik setzt eine Untersuchung der Leistungsfähigkeit des Bildungssystems und eine Bewertung seines Beitrags zur Einkommensungleichheit voraus. Die Ergebnisse der PISA-Studie über schulische Leistungen und ihre Abhängigkeit von der sozialen Herkunft der Schüler in manchen Ländern lassen allerdings keinen Zweifel an der Bedeutung dieses Handlungsfeldes im Kampf gegen die Ungleichheiten.

Welche Regulierung der Märkte?

Die letzte Art von Einflussnahme auf die Einkommensverteilung besteht in der Veränderung von Marktkräften und ihre Auswirkung auf die Höhe der Primäreinkommen. Wir haben im vorangegangenen Kapitel gezeigt, wie die Welle der Marktderegulierungen seit Anfang der 1980er Jahre sich auf die Einkommensverteilung niederschlug und manchmal zum Anstieg der Ungleichheiten beitrug. Heute herrscht auf vielen dieser Märkte ein hoher Wettbewerbsdruck, und

Eingriffe sind nur noch gerechtfertigt, um sicherzustellen, dass eine wirkliche Konkurrenz gewährleistet ist oder bestimmte Sicherheits- und Umweltauflagen eingehalten werden. Gleichwohl können bestimmte strategische Märkte, die weniger transparent oder flexibel sind, die Gesamtwirtschaft und die Einkommensverteilung beeinflussen. Das gilt insbesondere für den Finanz- und den Arbeitsmarkt.

Was die Finanzmärkte angeht, so verläuft ihr Beitrag zur Einkommensungleichheit über zwei Mechanismen: sehr hohe Einzelgehälter und eine erhöhte Rentabilität von Geldvermögen. Jedem diesen beiden Mechanismen auf einem anderen als steuerlichen Wege zu begegnen, erscheint schwierig. Bekanntlich ist die Kontrolle von Gehältern und Prämien oft wirkungslos, weil diese leicht durch andere Arten von Bezahlung ersetzt werden können (Sachleistungen, Kapitalbeteiligung usw.). Wenn sie zu restriktiv ist, läuft eine solche Kontrolle sogar Gefahr, die Abwanderung von Talenten aller Art zu fördern. Stattdessen sollte man nach den Bedingungen fragen, die es dem Finanzsektor ermöglichen, so hohe Gehälter zu zahlen, die am Ende auf andere Sektoren übergreifen. Wie sind diese zu ändern?

Die Diskussion, welche Regulierung des Finanzsektors wünschenswert wäre, würde den gegebenen Rahmen an dieser Stelle sprengen. Gleichwohl ist festzustellen, dass die in einigen Ländern geplanten Reformen sich auf die Gehälter auswirken könnten, indem sie die ökonomischen Renten mancher Geldinstitute schmälern – Renten, die die Zahlung horrender Gehälter erlauben. Mit der Rückkehr zu einer strikten Trennung zwischen Depositen- und Kreditbanken für Privatpersonen und Unternehmen einerseits und Investmentbanken andererseits hätte man die Chance, der Erpressung durch diese Bankgiganten ein Ende zu setzen, die mit ihren Risikoinvestitionen die Sparer und einen Großteil der Kapitalbeschaffung für die Wirtschaft gefährden. Gerade diese Erpressung mit dem »*too big to fail*« ermöglicht ihnen ja, ihre ökonomischen Renten zu sichern.

Im vorigen Kapitel wurde kurz analysiert, in welcher Weise die Regulierung des Arbeitsmarktes sich auf die Lohn- und Einkommensverteilung auswirkt. Das wesentliche Instrument, über das die Regierungen zu diesem Zweck verfügen, ist nach wie vor der Mindestlohn. Dessen gesetzliche Regelung hat in Frankreich eine Verschlechterung der Einkommensverteilung am unteren Ende der Skala verhindert, was möglicherweise mit höherer Arbeitslosigkeit erkauft wurde. Im Fall der Vereinigten Staaten kommt man schwerlich umhin, einen Zusammenhang zwischen dem Sinken des realen Mindestlohns während der 1980er und 1990er Jahre und dem gleichzeitigen Rückgang des Durchschnittslohns der unteren Dezile der Einkommensskala herzustellen. Natürlich kann ein zu hoher Mindestlohn zu steigender Arbeitslosigkeit führen, ist folglich mit Kosten für den Staatshaushalt und die Gesellschaft verbunden. Dieser Nachteil kann vermieden werden, wenn man die Gesamtarbeitskosten auf Höhe des Mindestlohns konstant hält, und zwar durch Senkung der Sozialabgaben, die wiederum durch eine Steuererhöhung finanziert werden. Eine derartige Strategie wurde in Frankreich und anderen europäischen Ländern in den 1990er Jahren verfolgt. Wie es scheint, ist sie inzwischen an ihre Grenzen gestoßen.

Muss man zum Protektionisten werden?

Kommen wir zu einer anderen Art von Intervention, die in manchen entwickelten Ländern, besonders in Frankreich, in diesen krisengeschüttelten Zeiten heiß umstritten ist: dem

Protektionismus. Laut den Befürwortern dieser Politik würden Importbeschränkungen bestimmter Produkte einen Schutz vor ausländischer Konkurrenz, besonders aus Niedriglohnländern, bedeuten. Mit der Schwächung dieser Konkurrenz würde die Position einheimischer Unternehmen gestärkt, die Güter mit einem hohen Anteil an gering qualifizierter Arbeitskraft produzieren. Der steigende binnenwirtschaftliche Bedarf an Arbeitskräften, der sich daraus ergebe, würde eine Reduzierung der Arbeitslosigkeit, einen Anstieg des Relativlohns dieser Arbeitskräfte und schließlich eine Verringerung der Ungleichheit mit sich bringen. Diese Überlegung ist vermutlich korrekt. Allerdings sollte man sich darüber im Klaren sein, dass eine solche Politik ihre Kosten hat, angefangen mit dem unvermeidlichen Rückgang der Exporte in die Länder, vor denen man sich schützt, dem Verlust von Arbeitsplätzen und Einkommen in den entsprechenden Branchen und dem Preisanstieg der geschützten Produkte. Wie die ökonomische Analyse naheliegt, ist die Nettobilanz einer solchen Politik alles in allem negativ.

Welchen Umfang erreichen diese Kosten? So seltsam es klingen mag bei einer Frage dieser Tragweite, die Antwort der Ökonomen fällt eher vage aus. Der Grund dafür ist, dass man in diesem Bereich keine Experimente durchführen kann. Man ist also auf theoretische Modelle angewiesen, die simulieren, wie die Wirtschaft sich verhalten würde, wenn bestimmte Zollschranken errichtet oder umgekehrt abgebaut würden. Mit Hilfe einfacher Berechnungen lässt sich nachweisen, dass die Gewinneinbußen der gesamten Weltwirtschaft, die auf die bestehenden Zollschranken·zurückgehen, in der Größenordnung von 1 Prozent des BIPs liegen. Man könnte versucht sein, daraus den umgekehrten Schluss zu ziehen, dass eine Verdoppelung oder Verdreifachung der bestehenden Barrieren kaum mehr als 1 oder 2 Prozent des globalen BIPs kosten und für manche Länder sogar einen Gewinn bringen würde. Das Problematische an diesen Projektionen ist, dass sie die wirklichen Kosten solcher Maßnahmen unterschätzen, weil sie die dynamischen Gewinne des Freihandels vernachlässigen, das heißt, die konkurrenz- und handelsbedingten Produktivitätsgewinne, die wahrscheinlich die statischen Gewinne aus einer verbesserten Allokation der Produktionsressourcen bei weitem übertreffen. Die gleiche Unklarheit herrscht, wenn man, dieses Mal anhand empirischer Daten, die Wachstumseffekte der Öffnung einer Volkswirtschaft für den internationalen Handel zu berechnen versucht.

In vorliegendem Fall lassen sich mehrere Gründe aufzählen, die ernsthaft dagegen sprechen, dass ein Land, als Reaktion auf eine Verschärfung der Ungleichheiten, im Alleingang einen protektionistischen Kurs einschlägt. Zunächst muss der Schutz, wenn er sich gegen Schwellenländer richtet, multilateral sein. Sonst werden dieselben Importe über ein Land abgewickelt, dem gegenüber geringe Zollbarrieren bestehen (im Falle Frankreichs ein anderer Mitgliedsstaat der Europäischen Union). Und es ist fraglich, ob sich alle Handelspartner einer Freihandelszone auf eine Liste zu schützender Produkte einigen können.

Zweitens besteht ein Teil der Importprodukte aus Schwellenländern aus Massenkonsumgütern (Kleidung, Schuhe, Spielzeug, Unterhaltungselektronik), die einen hohen Anteil am Konsum jener Geringverdienerhaushalte ausmachen, denen die Schutzmaßnahmen gerade helfen sollen. Diese Gruppe würde zwar vermehrt an Arbeit und Lohn kommen, aber bei stark sinkendem Lebensstandard. Es ist nicht einmal sicher, ob es unter dem Strich einen realen Zugewinn gäbe.

Außerdem können Begriffe wie »Importprodukt« und »Exportprodukt« trügerisch sein. Die Wertschöpfungsketten sind heute lang und komplex, was zu einem unauflöslichen Ineinander von Binnenproduktion und Import führt. Das Beispiel der iPhones ist allgemein bekannt: sie kombinieren einen vornehmlich in Amerika entstehenden Innovations- und Handelswert mit einem physikalisch-elektronischen Inhalt asiatischer Herkunft. Sich gegen die asiatische Produktion zu »schützen«, kann also zu einer Verteuerung der Exporte westlicher Länder führen.

Was schließlich den Schutz gegenüber asiatischen Ländern angeht, so würde eine Wiedereroberung der heute von westlichen Produzenten aufgegebenen Märkte wie Bekleidung, Spielzeug oder Tafelgeschirr derartig hohe Zölle erfordern, dass die einheimischen Konsumenten davon massiv betroffen wären. Der Schutz müsste sich also auf Branchen konzentrieren, in denen entwickelte und aufstrebende Volkswirtschaften heute miteinander konkurrieren, zum Beispiel in der Automobil-, Arzneimittel- und Luftfahrtindustrie. Dabei handelt es sich allerdings um Branchen, in denen die Industriestaaten noch hohe Exportüberschüsse haben. Hervorzuheben ist ferner, dass die Gewinne einer Wirtschaft an Produktivität und Wettbewerbsfähigkeit teilweise mit ihrer Import-Export-Dynamik zusammenhängen. Sich bei einer Reihe von Produkten gegen die internationale Konkurrenz abzuschotten, würde darauf hinauslaufen, sich auf diese Palette festzulegen und auf Innovationsgewinne zu verzichten.

Letzten Endes lässt sich auf rein wirtschaftstheoretischer Grundlage nicht von vornherein die These zurückweisen, dass eine protektionistische Wende in der Handelspolitik den relativen Einkommensverlust der nicht qualifizierten

Arbeitskräfte in manchen Industriestaaten korrigieren könnte. Doch ist die Anwendung einer solchen Politik in den Grenzen einer einzelnen Volkswirtschaft nahezu unmöglich geworden. Und was den Schutz gegen die Schwellenländer anbelangt, so ist alles andere als sicher, ob durch eine Rückkehr zum Protektionismus die angestrebte Umverteilung ohne einen unverhältnismäßig hohen Verlust an wirtschaftlicher Effizienz überhaupt erreichbar ist.

Die obigen Argumente beziehen sich auf entwickelte Volkswirtschaften. Der Protektionismus ist aber auch für Entwicklungsländer ein wichtiges Thema. Denn in deren Fall ist keineswegs ausgemacht, dass eine rasche und vollständige Liberalisierung des Handels die beste Entwicklungsstrategie ist. Das Argument, dass ein neuer Industriezweig in seiner Aufbauphase einen vorübergehenden Schutz benötigt, um den einheimischen Produzenten die Zeit zu geben, das notwendige Maß an Sachverstand und Konkurrenzfähigkeit zu erwerben, trifft auf diese Ökonomien mit Sicherheit zu.

Ungleichheit als Bedrohung

Ein letzter zu klärender Punkt betrifft die Dynamik steigender Ungleichheiten und ihre Auswirkungen auf die zu ergreifenden politischen Maßnahmen. Wenn wegen der wachsenden Globalisierung der Volkswirtschaften, des technischen Fortschritts oder eines anderen, vom Willen nationaler Regierungen unabhängigen Grundes die Ungleichheit der Primäreinkommen weiter zunehmen sollte, wird die Steueroption unzweckmäßig. Eine Steuerreform, die in einer Anhebung des marginalen Einkommensteuerspitzensatzes oder der Kapitalertragssteuer besteht, ermöglicht eine »einmalige« Korrektur der Ungleichheit. Eine Steuerreform ist ein politisch aufwendiges Unternehmen, und man kann sich nur schwer vorstellen, dass in regelmäßigen Abständen neue Reformen durchgeführt werden, um jeweils mit der wachsenden Ungleichheit der Primäreinkommen Schritt zu halten.

Wenn damit zu rechnen ist, dass der Anstieg der Ungleichheiten andauern wird, müssen die Korrekturwerkzeuge entweder in einer Umverteilung von Produktivvermögen (insbesondere von »Humankapital« mit Hilfe ambitionierter bildungspolitischer Maßnahmen) oder in Marktinterventionen gesucht werden (wie der Reform der Finanzmärkte oder einer Mindestlohnpolitik, oder sogar der Einführung von Gehaltsobergrenzen, wenn derartige Maßnahmen wirksam sind).

Gehört der Anstieg der primären Ungleichheiten zu einem Wandel des Systems und zur Entstehung eines neuen Gleichgewichts in einer globalisierten Weltwirtschaft, deren Ungleichheitspotenzial für die Volkswirtschaften noch nicht absehbar ist? Oder ist ein Großteil der Veränderungen bereits vollzogen? Die Frage muss offenbleiben.

Dieser Ungewissheit zum Trotz sind die aus dem oben Gesagten zu ziehenden Schlüsse einigermaßen klar: Die Ungleichheit hat im binnenwirtschaftlichen Raum seit 30 Jahren stark zugenommen; diese Entwicklung hat katastrophale Folgen, auf individueller wie auf kollektiver Ebene; es müssen politische Strategien erfunden oder umgesetzt werden, die geeignet sind, dem Anstieg der Ungleichheiten auf allen Ebenen zu begegnen. Aus volkswirtschaftlicher Sicht kann die Zunahme der Ungleichheiten (oder die Existenz zu großer Ungleichheiten) zu ökonomischer Ineffizienz und so-

116

zialen Spannungen führen, die ab einem bestimmten Punkt in große, das wirtschaftliche Funktionieren bedrohende Krisen umschlagen können. In den entwickelten Ländern wird dieses Risiko verschärft durch die Unsicherheit, die aus den zur Korrektur der Ungleichgewichte implementierten Politiken entstanden ist, sowie die zu erwartende starke Verlangsamung des Wirtschaftswachstums.

Selbst unterstellt, sie sei für diese Entwicklungen verantwortlich, ist die Globalisierung nicht per se etwas Schlechtes: Auf internationaler Ebene dauert die Reduzierung der Ungleichheit an und wird dies voraussichtlich auch weiterhin tun. Allerdings sollte der Entwicklung der ärmsten Länder Vorrang gegeben werden, um zu verhindern, dass zwischen ihnen und den Schwellenländern der Graben wächst, was auf die Dauer eine neue Art von Ungleichheit erzeugen würde. Entwicklungshilfe, ob von Seiten der Industriestaaten oder der Schwellenländer, Handels- und Zuwanderungspolitik sowie Direktinvestitionen sind dafür fast genauso wichtig wie die Entwicklungsstrategien der armen Länder selbst.

In unseren Gesellschaften nehmen die Ungleichheiten immer mehr zu. Es ist ein Gebot der sozialen Gerechtigkeit (oder pragmatischer gesprochen, der möglicherweise horrenden Kosten sozialer Ungerechtigkeit), diese Ungleichheiten zu korrigieren, wo sie überhandnehmen. Natürlich ist es möglich, dass diese Korrekturen mit gewissen Kosten verbunden sind. Um es auch hier ganz pragmatisch auszudrücken: Das Entscheidende ist, dass sie geringer ausfallen als die Schäden, die durch zu große Ungleichheiten angerichtet werden. Für diese Korrekturen stehen verschiedene Werkzeuge zur Verfügung: Steuern und Transferleistungen, die Regulierung des Finanzsektors, der gesetzliche Mindestlohn, schul- und bildungspolitische Maßnahmen. Welche Kombination dieser verschiedenen Faktoren man vornimmt, hängt vom jeweiligen Land ab und der Fähigkeit des Staates, in die Wirtschaft einzugreifen und den Reichtum umzuverteilen.

In den Industriestaaten wird häufig eine Rückkehr zum Protektionismus als mögliches Mittel gegen den Anstieg der Ungleichheiten ins Spiel gebracht. Doch dieser Diskurs ist nicht nur gefährlich, sondern auch größtenteils irreführend. Abgesehen von den Problemen internationaler Politik, die eine solche Strategie hervorrufen würde, ist es mehr als fraglich, ob sie zur Bekämpfung der in den letzten Jahren entstandenen Ungleichheiten taugt. Außerdem würde sie die internationale Annäherung der Lebensstandards und damit die (notwendige) Herausbildung einer wirklichen Weltgemeinschaft gefährden.

Schluss

Für eine Globalisierung der Gleichheit

Wird die Globalisierung der Ungleichheit zum Kennzeichen des 21. Jahrhunderts? Gehen wir einer Welt entgegen, in der sich die Ungleichheit, die sich zwei Jahrhunderte lang *zwischen* den Nationen entwickelte, nunmehr *innerhalb* dieser Nationen ausbreitet? Erleben wir die Geburt einer Welt, in der die Ungleichheit unverändert bleibt, nur dass jeder sie jetzt eher vor seiner Haustür findet als 10 000 Kilometer entfernt?

Diese extreme Vision einer durch und durch globalisierten Welt, in der das Lebensstandardgefälle innerhalb eines Landes ebenso groß wäre wie das heutige zwischen den Bürgern der Welt, steht glücklicherweise (noch) nicht auf der Tagesordnung. Unbestreitbar hat die Ungleichheit in den meisten, vor allem den entwickelten Ländern zugenommen. Doch selbst in den Ländern, in denen sie am größten ist, wie den Vereinigten Staaten, bleibt der Abstand zu dem, was auf globaler Ebene zu beobachten ist, bis auf wenige Ausnahmen immens. Die Unterschiede zwischen einem reichen und einem armen Amerikaner sind geringer als die zwischen einem durchschnittlichen Amerikaner und einem durchschnittlichen Somali. Wie gesehen, tragen die Globalisierung des Handels und die internationale Mobilität von Arbeitskräften und Kapital eine gewisse Verantwortung für den Anstieg der Ungleichheiten, erklären diesen aber nicht zur Gänze. Es bleibt also eine eigenständige Komponente in der Entwicklung der Ungleichheit, der man unterstellen kann, dass sie zumindest teilweise der Beeinflussbarkeit durch die Staaten unterliegt.

Global betrachtet, lautet die gute Nachricht, dass die Ungleichheit abnimmt, und zwar dank des historischen Aufholprozesses, in den die großen Schwellenländer Osteuropas, Asiens, Südamerikas und Südafrikas eingetreten sind. In dieser Hinsicht steht lediglich zu befürchten, dass sich der Rückstand der Armutsländer gegenüber den Schwellenländern weiter vergrößert, was die Gefahr beinhaltet, dass die Abnahme der globalen Ungleichheit unterbrochen wird. Umso mehr ist zu begrüßen, dass die Bekämpfung der globalen Ungleichheit ganz oben auf der internationalen Agenda steht, wie die »Millennium-Entwicklungsziele« der UNO bezeugen. Vieles bleibt noch zu verbessern an der Politik der Entwicklungs- und Schwellenländer sowie derjenigen der Armutsländer selbst, damit diese Ziele (und jene, die über 2015 hinausweisen) Wirklichkeit werden. Aber die Tatsache, dass ein über die rein geopolitischen Erwägungen der Großmächte hinausreichendes Weltgewissen entstanden ist, ermöglicht eine andere – dieses Mal ausgesprochen positive – Verbindung zwischen Globalisierung und Ungleichheiten.

Sehr wahrscheinlich wird die globale Ungleichheit noch für lange Zeit rückläufig sein, vor allem wenn der Wille vorhanden ist, das Wachstum der ärmsten Länder zu beschleunigen. Unter diesen Umständen würde schon genügen, wenn die Industriestaaten und die Schwellenländer in der Lage wären, den Anstieg der Ungleichheiten innerhalb ihrer Volkswirtschaften zu kontrollieren, um die globale Ausweitung der Ungleichheit einzudämmen und die positive Seite der Globalisierung zur Geltung zu bringen. Dass sie dazu fähig sind, haben wir gesehen; aber werden sie auch den Willen haben?

Die Schwellenländer stellen einen Sonderfall dar. Der Anstieg der Ungleichheiten innerhalb ihrer Grenzen resultiert aus den immanenten Mechanismen der wirtschaftlichen Entwicklung sowie aus einer momentan noch beschränkten Fähigkeit, die Umverteilung der Einkommen zu fördern, die Chancengleichheit zu vergrößern und angemessene Regierungsstrukturen herauszubilden. Hoffen wir, dass diese Fähigkeit mit der Zeit ebenso zunehmen wird wie die wirtschaftliche Entwicklung selbst. In dieser Hinsicht ist der Rückgang der Ungleichheiten in Brasilien während der letzten zehn Jahre beispielhaft, selbst wenn das Land noch einen weiten Weg vor sich hat, um sich dem globalen Durchschnitt anzunähern.

In den entwickelten Ländern sind die Instrumente vorhanden, und die Umverteilung hat bereits ein beträchtliches Ausmaß erreicht. Das Problem ist jedoch, dass Globalisierung und internationale Konkurrenz diese Länder eher dazu verleiten, Einschnitte bei der Umverteilung und beim sozialen Netz ganz allgemein vorzunehmen, mit der Begründung, sie müssten wettbewerbsfähig bleiben und diese Systeme würden die Arbeitskosten in die Höhe treiben. Diese Tendenz ist in mehreren Ländern zu beobachten. Man hat sie für weitgehend unabhängig vom Globalisierungsprozess halten wollen, auch wenn das zweifellos nicht gänzlich zutrifft. Ebenso wird man wohl eingestehen müssen, dass in einer globalisierten Welt die Steuerautonomie eines Landes sehr begrenzt ist. Bei einer massiven Anhebung des marginalen Einkommensteuerspitzensatzes droht die Abwanderung von Talenten, Kapital oder Unternehmen in ein benachbartes Land. Welches Instrument bleibt den Regierenden dann noch, wenn sie den Anstieg der Ungleichheiten eindämmen wollen? Hauptsächlich die Verbesserung der Chancengleichheit unter den Bürgern, also im Wesentlichen Bildung, berufliche Qualifizierung und Gesundheitsversorgung, da es die internationale Steuerkonkurrenz möglicherweise sehr schwer macht, die Verschiebung von Vermögenswerten zu kontrollieren.

Die Schwierigkeit ergibt sich hier weniger aus der Konkurrenz der Schwellenländer als aus derjenigen anderer Industriestaaten. Mitten in einem tiefgreifenden Umbruch, einem Prozess der Deindustrialisierung, dem sich die reichen Länder aufgrund der internationalen Konkurrenz durch die Schwellenländer ausgesetzt sehen, versucht jedes, das Beste für sich herauszuschlagen. Es ist genau diese Konkurrenz, die eine »Abwärtsspirale« in Sachen Umverteilung in Gang zu setzen droht. Um ihre Wettbewerbsfähigkeit gegenüber anderen führenden Nationen zu bewahren, sind manche Länder bestrebt, Lohnerhöhungen zu drosseln und Abstriche bei der sozialen Sicherheit zu machen bzw. durch Steuersenkungen das Unternehmertum zu fördern und die Innovationskraft zu stärken.

Abgesehen von den wenigen Bereichen, in denen die Staaten noch autonom sind, stellt sich die Frage, ob der Kampf gegen die Ungleichheiten nicht eher ein Gemeinschaftsunternehmen als die isolierte Initiative einzelner Länder sein sollte. Das Argument, wonach Ungleichheit ab einem bestimmten Stadium ineffizient wird, und sei es nur, weil sie soziale Spannungen erzeugt, die das Wirtschaftsgeschehen beeinträchtigen, wird früher oder später zum Tragen kommen. Leider tendieren alle politischen Entscheidungsträger dazu, bis zum letzten Moment zu warten, bevor sie handeln – dem Moment nämlich, wenn die negativen Effekte zur Explosion führen und das Gleichgewicht von Wirtschaft und Gesellschaft aus den Fugen gerät. Dann wird es allerdings zu spät sein, um den Prozess noch umzu-kehren.

Diese drohende Perspektive spricht für ein koordiniertes internationales Vorgehen in Sachen Umverteilungspolitik und Bekämpfung der Ungleichheiten. Bei den Steuerreformen der letzten drei Jahrzehnte, die in Richtung Rücknahme der progressiven Umverteilung hoher Einkommen gingen, war unter den entwickelten Ländern ein gewisser »Ansteckungseffekt« festzustellen. Es wird höchste Zeit, dass das Pendel in die andere Richtung zurückschwingt, aber dieses Mal im Rahmen einer konzertierten Aktion auf internationaler Ebene.

Die politische Debatte ist in mehreren Ländern an dem Punkt angelangt, dass eine solche Initiative nicht pauschal verworfen würde, und es ist nicht unwahrscheinlich, dass einige Schwellenländer diesem Beispiel folgen. Wer heute die Globalisierung der Ungleichheit verhindern will, muss für eine Globalisierung der Umverteilung eintreten.

Bibliografie

Acemoglu, Daron/Aghion, Philippe/Zilibotti, Fabrizio, »Distance to Frontier, Selection and Economic Growth«, *Journal of the European Economic Association*, Bd. 4, Nr. 1, 2006, S. 37–74.

Alesina, Alberto/Perotti, Roberto, »Income Distribution, Political Instability and Investment«, *European Economic Review*, Bd. 40, Nr. 6, 1996, S. 1023–1228.

Ders./Rodrik, Dani, »Distributive Politics and Economic Growth«, *Quarterly Journal of Economics*, Bd. 109, Nr. 2, 1994, S. 465–490.

Amar, Michel, »Les très hauts salaires du secteur privé«, *INSEE première*, Nr. 1288, April 2010.

Anand, Sudhir/Segal, Paul, »What do we Know about Global Income Inequality?«, *Journal of Economic Literature*, Bd. 46, Nr. 1, S. 57–94.

Bakija, Jon/Cole, Adam/Heim, Bradley, »Jobs and Income Growth of Top Earners and the Causes of Changing Income Inequality: Evidence from U.S. Tax Return Data«, Williams College 2012 (unveröffentlichtes Manuskript).

Banerjee, Abhijit, »Making Aid Work«, *The Boston Review*, Juli/August 2006.

Berger, Suzanne, Notre première mondialisation, Paris 2003.

Boucheron, Patrick (Hg.), Le Monde au XVᵉ siècle, Paris 2009.

Bourguignon, François, »A Turning Point in Global Inequality ... and Beyond«, in *Research on Responsibility. Reflections on our Common Future*, hrsg. v. Wilhelm Krull, Leipzig 2011.

Ders./Levin, Victoria/Rosenblatt, David, »International Redistribution of Income«, *World Development*, Bd. 37, Nr. 41, 2009, S. 1–10.

Ders./Morrisson, Christian, »Inequality Among World Citizens: 1820–1992«, *The American Economic Review*, Bd. 92, Nr. 4, 2002, S. 727–744.

Ders./Guesnerie, Roger, L'économie mondialisée: inégalités entre les nations hier, inégalités au sein des nations demain, Paris 1999.

Brown, Mike/Sibieta, Luke/Wren-Lewis, Liam, High Income Individuals: Racing Away?, London 2008.

Checchi, Daniele/Garcia-Penalosa, Cecilia, »Labour Market Institutions and Income Inequality«, *Economic Policy*, Bd. 23, Nr. 56, 2008, S. 601–649.

Collier, Paul, Die unterste Milliarde: warum die ärmsten Länder scheitern und was man dagegen tun kann, München 2008.

Demmou, Lilas, »La désindustrialisation en France«, Arbeitspapier der DG Trésor, Paris 2010.

Duflo, Esther, Le développement humain: lutter contre la pauvreté (I), Paris 2010.

Easterly, William, Wir retten die Welt zu Tode: für ein professionelleres Management im Kampf gegen die Armut, Frankfurt am Main 2006.

Freeman, Richard, »Are Your Wage Set in Beijing?«, *Journal of Economic Perspectives*, Bd. 9, Nr. 3, 1995, S. 15–32.

Frydman, Carola/Saka, Raven, »Executive Compensation: A New View From a Long-Term Perspective, 1936–2005«, *Review of Financial Studies*, Bd. 23, Nr. 5, 2010, S. 2099–2138.

Gabaix, Xavier/Landier, Augustin, »Why Has CEO Pay Increased so Much?«, *Quarterly Journal of Economics*, Bd. 123, Nr. 1, 2008, S. 49–100.

Glaeser, Edward L., »Does Economic Inequality Cause Crises?, New York Times, Economix Blog, 2010: http://economix. blogs.nytimes.com/2010/12/14/does-economic-inequality-cause-crises [4. 12. 2012].

Goos, Marten/Manning, Alan/Salomons, Anna, »Explaining Job Polarization in Europe: The Roles of Technology, Globalization and Institutions«, Centre for Economic Performance, LSE, *CEP Discussion Papers*, Nr. 1026, 2010.

Kolev, Alexandre/Saget, Catherine, »Are Middle-Paid Jobs in OECD Countries Disappearing? An Overview«, International Labor Organisation, Working Paper, Nr. 96, 2010.

Kumhof, Michael/Rancière, Romain, »Inequality. Leverage and Crisis«, IMF Working Paper, Nr. 10/268, 2011.

Landais, Camille/Piketty, Thomas/Saez, Emmanuel, Pour une révolution fiscale, Paris 2011.

Maddison, Angus, Monitoring the World Economy, Paris 1995.

Morrisson, Christian/Martin, Fabrice, »Inégalité interne des revenus et inégalité mondiale«, document de travail P26, FERDI, 2011.

Moyo, Dambisa, Dead aid: warum Entwicklungshilfe nicht funktioniert und was Afrika besser machen kann, Berlin 2011.

Neumark, David/Wascher, William, »Minimum Wages and Employment«, Institute for the Study of Labor, *IZA Working Paper*, Nr. 2570, 2007.

OCDE, Growing Unequal. Income Distribution and Poverty in OECD Countries, Paris 2008.

Palomino, Frédéric, Comment faut-il payer les patrons?, Paris 2011.

Persson, Torsten/Tabellini, Guido, »Is Inequality Harmful for Growth?«, *American Economic Review*, Bd. 84, Nr. 3, 1994, S. 600–621.

Piketty, Thomas/Saez, Emmanuel, »Income inequality in the United States, 1913–1998«, *Quarterly Journal of Economics*, Bd. 118, Nr. 1, 2003, S. 1–39.

Dies., »How Progressive is the U.S. Federal Tax System? A Historical and International Perspective«, *Journal of Economic Perspectives*, Bd. 21, Nr. 1, 2007, S. 1–24.

Saez, Emmanuel/Slemrod, Joel/Giertz, Seth, »The Elasticity of Taxable Income with Respect to Marginal Tax Rates: A Critical Review«, *Journal of Economic Literature*, Bd. 50, Nr. 1, 2012, S. 3–50.

Sen, Amartya/Stiglitz, Joseph E./Fitoussi, Jean-Paul, Richesse des nations et bien-être des individus (Vorwort von Nicolas Sarkozy), Paris 2009.

Zum Autor

François Bourguignon (Jg. 1945) ist Professor an der École des Hautes Études en Sciences Sociales und lehrt am Collège de France in Paris, war von 2003 bis 2007 Chefökonom der Weltbank und bis Januar 2013 Direktor der École d'Économie in Paris.